U0733736

田　静
邰晓辉

／编　著

财务智慧

从创业到上市的财税合规与经营决策指南

人民邮电出版社
北　京

图书在版编目（CIP）数据

财务智慧：从创业到上市的财税合规与经营决策指南 / 田静，邰晓辉编著. -- 北京：人民邮电出版社，2023.9
ISBN 978-7-115-62401-7

Ⅰ. ①财… Ⅱ. ①田… ②邰… Ⅲ. ①企业管理—财务管理 Ⅳ. ①F275

中国国家版本馆CIP数据核字(2023)第141766号

内 容 提 要

财务不只是算账和管钱，它始于企业创立之初，贯穿企业经营业务的各大环节，用数据记录了企业经营活动的全貌。只有站在财务的角度看问题，才能透视企业的经营本质，敏锐地捕捉到数据背后的真相。本书利用财务核算、投资与融资管理、纳税筹划、财务分析等财务工具，剖析了企业从创立到上市的业财融合与管控之道，帮助企业实现财务合规、税务合规，并借助财务分析实现科学决策，助力企业打造智慧财务体系。

本书适合企业管理者、投资者、创业者及其他财务信息使用者阅读，也可作为财务人员向上发展迈向管理层的职业晋升指导书。

◆ 编　著　田　静　邰晓辉
　　责任编辑　陈斯雯
　　责任印制　彭志环
◆ 人民邮电出版社出版发行　　北京市丰台区成寿寺路 11 号
　　邮编 100164　　电子邮件 315@ptpress.com.cn
　　网址 https://www.ptpress.com.cn
　　北京天宇星印刷厂印刷
◆ 开本：880×1230　1/32
　　印张：11.25　　　　　　　　　　2023 年 9 月第 1 版
　　字数：150 千字　　　　　　　　2023 年 9 月北京第 1 次印刷

定　价：69.00 元
读者服务热线：（010）81055656　印装质量热线：（010）81055316
反盗版热线：（010）81055315
广告经营许可证：京东市监广登字 20170147 号

创业难，难的不是业务，而是财务。

初心资本创始管理合伙人田江川曾说："不投不看数据、不关心财务的创业者。"财务问题涉及企业经营业务的各大环节，上接战略，下达绩效。

企业管理者不懂财务知识，与财务人员沟通不畅，听不懂，说不明，就会导致企业的发展决策缺乏财务管理意识与信息支撑。打破业财壁垒，实现财务思维跨界创新已成为很多企业管理者和创业者的迫切需求。

智慧创业

某快销品牌创始人梁某向投资人表示："钱都握在我自己手里，很踏实，企业资金绝对安全，每笔款项都是我亲自审批的。整个企业我一手抓，我既是老板，又是财务、业务、采购，连技术我都懂，无所不能。"

这一番话让在场的人哭笑不得，不知对这位无所不能的企业创始人是该心疼还是该感到心酸。

很多企业家有一个通病：没有一个"家"，常年过着"丧家式的生活"。每天忙得团团转，对企业从头管到脚，可企业的员工却"闲得"无所事事；企业的资金在层层把控下依旧花钱如流水；订单看似很多，可利润却微乎其微……创业者摸着头不解，我的钱呢？业务的账是赚钱的，可财务的账却亏得一塌糊涂，到底谁错了呢？

财务管理始于企业创建之初，不懂财务就别谈创业。创业者只有掌握一些基本的财务知识，提前做好财务规划，才能少走弯路，运筹帷幄。智慧创业之道详见本书"**第一部分 创业初期面对财务问题不困惑**"。

合规完税

某企业面临税务稽查，总经理让财务人员简单应对一下即可。财务人员面对稽查焦头烂额，自查敷衍，心里只想着离职跑路。然而，真的能一跑了之吗？

在企业终于迈过生存期步入飞速发展的阶段，切不可让"财税"问题成为企业的"生死符"。随着金税四期的实施，税收严监管时代已经到来。真正的税务筹划必须是在合法合规的前提下，通过事前筹划、事中调整、事后沟通来进行，努力延伸企业的生命力。合规完税之道详见本书"**第二部分 严监管时代下企业涉税风险管控与筹划**"。

智慧财务分析

2020 年 4 月，瑞幸咖啡发布公告称公司从 2019 年第二季度到第四季度存在伪造交易行为，涉及销售总金额约为 22 亿元。瑞幸咖啡因此被强制退市，成为纳斯达克最快退市的成长公司。这一事件无疑给所有中概股上市公司和投资者敲响了警钟。

当你手握三大报表的那一刻便跟企业结下了不解之缘，此刻你是被"美颜"蒙蔽双眼，还是可以做到拨云见日、胸有成竹？智慧财务分析之道详见本书"**第三部分 财务分析让企业决策更加科学有效**"。

本书适合谁读

✓ 创业者

创业者在创业过程中会遇到各种财务问题，如企业类型的选择、财务人员的配备、纳税身份的筹划、原始资本的筹集等，这些问题处理不好不仅会阻碍企业健康成长，甚至还会带来违规风险。

✓ 中高层管理者

如果企业的中高层管理者不懂财务报表，不识财务风险，不知如何消除浪费、降本增效，实现企业利润最大化，这样的企业，其发展前景令人担忧。

✓ 财务转型者

业财融合趋势下，财务人员低头做账的时代已经过去，转型势在必行。要想成长为一名"财管合一"的综合型人才，财务人员不仅要了解企业经营过程中的每一项业务，还要能够站在管理人员的角度分析问题，不断提高自身的执业能力、沟通能力和组织管理能力。

最后，希望本书能为企业管理者、投资者、创业者及面临职业转型的财务工作者提供切实有效的帮助。由于我国的财税政策仍处于不断发展变化之中，加之编者水平有限，书中难免存在疏漏之处，恳请读者不吝指正。

目 录

第二部分

严监管时代下企业涉税风险管控与筹划

第四章　税收严监管时代来临——把握新形势下的纳税之道　/ 105

第三部分

财务分析让企业决策更加科学有效

01

第一部分

创业初期面对财务问题
不困惑

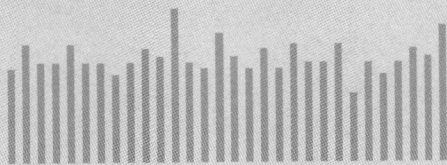

导读

　　"万事开头难"，创业者在创业初期千头万绪，要处理诸多大小事项，要面对诸多新鲜问题，财务便是其中绕不开的"重要事项"。企业的财务活动和财务管理贯穿于企业整个生命周期，是事关企业盈利和风险的大事。创业初始，创业者未必需要对财务事必躬亲，但需要做好财务的"顶层设计"。

第一章

不懂财务别谈创业
——成功创业财税指南

　　成功创业是很多有志之士的伟大梦想，但大部分创业人士并非财务专业出身，对创业过程中遇到的各种财税问题往往感到无所适从。本章内容对创业涉及的主要财税"难点"和"痛点"进行了梳理和分析，帮助创业者在重要财务事项上"不困惑"，在关键问题上"不糊涂"。

一、创办企业先弄清三个问题

（一）企业开业经营的基本条件

　　某公司因经营不善不得不裁员，公司高管张某决定自己创业。他向朋友了解创业的相关事宜，问了一圈之后依然有很多事情没有弄明白。

营业执照、银行开户许可证、公章、财务章、发票章、人名章、银行预留印鉴……开办企业原来有这么多手续！

我该怎么办？
有哪些注意事项？

【必备知识】

1. 企业注册类型怎么选

（1）从投资者对企业承担的责任来看，企业可分为承担有限责任的企业和承担无限责任的企业两类，如图 1-1 所示。

承担有限责任的企业

➤ 有限责任公司
➤ 股份有限公司

承担无限责任的企业

➤ 个人独资企业
➤ 合伙企业

图 1-1　企业按投资者对企业承担的责任分类

有限责任是指投资者以其所认缴的出资额对公司承担有限责任，公司法人以其全部资产对公司债务承担全部责任。无限责任是指当企业的全部财产不足以清偿到期债务时，投资人应以个人的全部财产用于清偿，实际上就是将企业的责任与投资人的责任相关联。

实践中还存在一人有限公司和有限合伙企业两种比较特殊的企业类型。一人有限公司属于有限责任公司，投资人应当承担有限责任，但在不能证明公司财产与个人财产独立的情况下要承担无限责任。有限合伙企业由普通合伙人和有限合伙人组成，普通合伙人对合伙企业债务承担无限连带责任，有限合伙人以其认缴的出资额为限对合伙企业债务承担有限责任，此种形式一般适用于风险投资基金、公司股权激励平台（员工持股平台）等。

（2）选择注册企业类型时，创业者还要考虑不同类型企业的税收政策。其中，个人独资企业和合伙企业缴纳个人所得税，有限责任公司和股份有限公司缴纳企业所得税。具体见表1-1。

表1-1　企业投资者责任和税务特征一览表

企业类型	投资者责任	税务特征
个人独资企业	个人独资企业是指个人出资经营、归个人所有和控制、由个人承担经营风险和享有全部经营收益的企业 【注意】个人独资企业投资者承担**无限的经济责任**，企业破产时，债权方可以扣留投资者的个人财产	个人独资企业的生产、经营所得缴纳个人所得税
合伙企业	合伙企业由各合伙人订立合伙协议，**共同出资，共同经营，共享收益，共担风险**。合伙企业分为普通合伙企业和有限合伙企业。其中，普通合伙企业中还有一类特殊普通合伙企业 【注意】合伙企业的合伙人对企业债务承担**无限连带责任**；有限合伙企业的普通合伙人对企业债务承担**无限连带责任**；特殊普通合伙企业的合伙人，在执业活动中因故意或者重大过失造成合伙企业债务的，对企业债务承担**无限连带责任**	合伙企业一般不具备法人资格，不缴纳企业所得税，**缴纳个人所得税**
公司制企业	公司属于企业法人，有独立的法人财产，享有法人财产权。公司以其全部财产对公司的债务承担责任，投资者（股东）以认缴的出资额为限对公司债务承担责任。公司制企业包括有限责任公司和股份有限公司	公司制企业按照企业法人主体缴纳企业所得税

（续表）

企业类型	投资者责任	税务特征
公司制企业	**【注意】** ➤ 一人有限公司属于有限责任公司，投资人应当承担有限责任，但在不能证明公司财产与个人财产独立的情况下要承担无限责任 ➤ **企业集团**是以股权关系为主要联结纽带的母子公司共同组成的企业法人联合体。**企业集团不具有企业法人资格** 成立企业集团需具备下列条件（各地规定不同）： （1）企业集团的母公司注册资本在 5 000 万元人民币以上，并至少拥有 5 家子公司 （2）母公司和其子公司的注册资本总和在 1 亿元人民币以上 （3）集团成员单位均具有法人资格	公司制企业按照企业法人主体缴纳企业所得税

2. 企业注册流程

企业注册流程见表 1-2。

表 1-2　企业注册流程

步骤	注册事项	具体说明
1	名称核准	确认公司注册类型、公司名称（多准备几个备选）、注册资本、股东及出资比例。注意：预先核准的公司名称保留期为六个月，在保留期内，该名称不得用于从事经营活动，不得转让
2	提交资料	确认注册地址、高管信息、经营范围（尽量将目前业务与未来业务规划考虑周全），并在线提交预申请

（续表）

步骤	注册事项	具体说明
3	办理营业执照	携带准予设立登记通知书、办理人身份证原件领取营业执照
4	刻制印章	携带营业执照到公安局指定的刻章点刻制印章。具体包括公司公章、财务章、合同章、法人代表章、发票章
5	开立银行基本存款账户	携带营业执照、法人身份证、公章、财务章、法人代表章前往银行开立基本存款账户
6	税务登记（视情形而定）	"五证合一"并非将税务登记撤销，税务登记的法律地位仍然存在

【专家建议】

（1）创办企业时，创业者应当根据自身情况选择适当的企业类型进行注册。一般来说，有限责任公司具有法人实体，投资者以认缴的出资额为限承担责任，个人风险相对较小，是大部分创业者的首选。个人独资企业仅缴纳个人所得税，税收条件相对较为优惠，适合规模较小的小作坊、小饭店等。合伙企业的税收条件也较为优惠，但对于合伙人之间的信任条件要求较高，多见于会计师事务所、律师事务所、股权投资基金等一些专业机构。当然，合伙企业中的有限合伙企业和特殊普通合伙企业承担的责任在普通合伙企业的基础上又有所变化，但也有不同的条件，创业者需要根据情况来选择。个体工商户不是企业，不用缴纳企业所得税，但需要缴纳增值税、个人所得税、城建税、教育费附加等，比较适合从事工商经营活动的自然人或者家庭。

（2）创业者在创业初期可能储备了一些业务，但不应该在注册手续未完成前实质性开展。在取得营业执照之前开展业务可能会受到市场监督部门的查处；未取得公章、未开立银行账户时，合同签订和收款均无法完成，业务开展存在较大风险；税务登记未完成，企业无法开具发票，开展业务会带来税务风险。对于实行"先照后证"的特殊行业，经营需要申请审批的项目时，需要书面承诺在取得审批前不擅自从事相关经营活动。这些行业也不能在审批手续完成前开展业务。

（3）企业注册阶段往往人手较少，但涉及的文件、证件、印章等比较多，创业者需要妥善保存，避免丢失再补办耽误时间和精力。

【风险提示】

（1）所有的证件、印章均要合法取得，切不可伪造、涂改。相关证照不可对外出租、出借、转让。

（2）印章遗失后不及时办理挂失，被不法分子进行欺诈形成损失需要企业自行承担。

（3）名称、住所、法定代表人、注册资本、经营范围、设立分公司等重要信息发生变更的，要及时办理变更手续。

（4）按要求进行信息公示，远离工商"黑名单"。

以北京为例，每年1月1日至6月30日，企业需通过"国家企业信用信息公示系统（北京）"或"北京市企业信用信息网"报送上年度的年度报告并向社会公示。

【案例】

某企业注册地址与实际经营地址不一致

某企业设立于 2020 年 7 月，两位股东分别持股 51% 和 49%，注册地址位于北京市海淀区。2020 年 8 月，该企业为拓展市区周边业务，将办公地址搬至昌平区，但一直未办理相关变更登记手续。2020 年 10 月 17 日，税务机关进行实地检查，在注册地址找不到该企业，多次电话联系法定代表人陈利强（化名）、财务负责人李郦（化名），电话提示都为空号。于是，税务机关认定该企业已于 2020 年 10 月 17 日走逃，企业被确定为失信主体。

（二）注册资本不能随意写

注册资本到底意味着什么，注册后的责任你知道吗？

【必备知识】

1. 认缴资本、注册资本、实缴资本的区别

认缴资本、注册资本、实缴资本的区别见表 1-3。

表 1-3　认缴资本、注册资本、实缴资本的区别

区别	认缴资本	注册资本	实缴资本
概念	认缴出资额是指公司的法定注册资本	注册资本是公司制企业章程规定的全体股东或发起人认缴的出资额或认购的股本总额，并在公司登记机关依法登记	实缴资本又称实收资本，是指公司成立时实际收到的股东的出资总额。它是公司现实拥有的资本
简化理解	章程中规定的，并向市场监管局承诺要投入的资本	营业执照上的资本	股东实际已经投入公司的资本
三者区别	（1）认缴资本和注册资本都是股东承诺投入的资本，一般情况下两者金额是一致的 （2）认缴出资额由实缴出资和应缴出资两部分组成。认缴资本可能一次全部缴清，也可能在一定期限内分期缴纳，故而实缴资本可能等于或小于注册资本和认缴资本		

2. 注册资本金需要缴纳印花税

印花税是对经济活动和经济交往中书立、领受具有法律效力的凭证的行为所征收的一种税。注册资本金需要按实收资本和资本公积合计金额的 0.25‰ 缴纳印花税。

【专家建议】

（1）国家对普通公司的注册资本额未进行限制，但对于一些特殊行业有最低资本金的要求。

① 设立经营个人征信业务的征信机构审批项目注册资本不

少于人民币 5 000 万元。

② 公募基金管理公司设立审批项目注册资本不低于人民币 1 亿元，且必须为实缴货币资本。

③ 设立保险公司投资人承诺出资或者认购股份，拟注册资本不低于人民币 2 亿元，且必须为实缴货币资本。

④ 新成立的互联网公司申请增值电信业务经营许可证（ICP 许可证），申请条件之一的注册资本最低限额为人民币 100 万元（实缴、认缴皆可）。

（2）确定注册资本时要考虑公司的业务需求，无论是一次性缴清还是分期缴纳，均要考虑启动资金的需求和日后业务发展的需求。启动资金是公司初创所需要的前期开支，包括办公场所租赁、装修、设备购置、原料采购、人员招聘、工资和社保等。初期实际投入的资金首先要能够满足这些需求。

【风险提示】

（1）注册资本认缴制下，一些创业者为了显示自己公司的实力强，在工商登记时认缴的资本额远远超过公司业务需要和自身能够投入的金额。这种方式其实承担着很大的责任和风险。

认缴不等于不用缴，只是时间上延迟缴纳。按照法律规定，股东需按照认缴资本而不是实缴资本承担债务。也就是说，如果注册资本为 1 亿元，实缴资本为 100 万元，在公司遇到对外债务违约 9 900 万元时，股东需要把未缴纳的资本全部补齐来给公司偿债。因此，"只认不缴"的虚高注册资本行为，很容易被纳入"经营异常名录"向社会公示，出资人也要承担相应的法律责任。

（2）公司的注册资金用于经营，股东不可抽逃。如果虚假出资或者抽逃出资，轻者被市场监督部门处罚，重者则可能承担刑事责任。

抽逃出资罪

政策依据：《中华人民共和国刑法》

第一百五十九条 【虚假出资、抽逃出资罪】公司发起人、股东违反公司法的规定未交付货币、实物或者未转移财产权，虚假出资，或者在公司成立后又抽逃其出资，数额巨大、后果严重或者有其他严重情节的，处五年以下有期徒刑或者拘役，并处或者单处虚假出资金额或者抽逃出资金额百分之二以上百分之十以下罚金。

单位犯前款罪的，对单位判处罚金，并对其直接负责的主管人员和其他直接责任人员，处五年以下有期徒刑或者拘役。

【案例】

胡某虚假出资承担刑事责任

胡某作为 A 公司的法定代表人，在明知公司无实际履行能力的情况下，以签发空头支票的方式分别从绍兴市某针织有限公司、杭州某纺织品有限公司骗取价值人民币 97 000 元和 114 750 元的棉纱，除其中 13 000 元货款兑现外，其余货款均未支付；胡某为增加注册资本登记数额，向他人借款 150 万元骗得验资证明，在工商变更登记前抽逃出资计 150 万元；胡某以月息 3%~5% 的不等利息作为回报，分别向隗某、陈某、吕某、吴某、夏某非法吸收公众存款共计人民币 380 万元，除部分归还本金和支付部分利息外，绝大部分本息无力归还。绍兴市越城区人民法院认定，胡某的行为已构成票据诈骗罪、虚假出资罪、非法吸收公众存款罪，应依法惩处。

（三）股权设置不宜复杂化

真格基金创始人徐小平在演讲中表示，创业的基础其实就是两个，一个是团队，一个是股权结构。股权设置过于分散不利于治理，股权设置过于集中导致一股独大，存在决策失误风险。

【必备知识】

1. 在保证创始人绝对控制的前提下合理分配股权

股权分配与控制权见表 1-4。

表 1-4　股权分配与控制权

创始人 持股比例	董事会表决权	股权生命线
67%	2/3 以上表决权	针对重大事项；拥有股东会决议权（相当于100% 的权力）
51%	1/2 以上表决权	针对一般事项；拥有绝对控股权（除修改章程、增减注册资本、合并、分立、解散、变更形式外）
34%	1/3 以上表决权	针对重大事项；拥有一票否决权

一般将持有限责任公司 34%~49% 这个区间段的股权称为相对控制权。

2. 影响公司控制权的其他手段

（1）通过公司章程实现对股东会、董事会、经理层的控制。

（2）由持股平台持股实现股东间接持股。

（3）公司股东签署"一致行动人协议"。

"一致行动人协议"作为一种加强公司控制权的方式在非上市公司的控制和管理中也被大量采用。公司若采用了"一致行动人协议"，应将协议内容写进公司章程，以增强其对外效力。

（4）委托权投票方式，通过表决权委托，可以归集控制权。

（5）优先股股东以放弃部分表决权为代价，换取优先于普通股股东的分配利润和剩余财产权。

（6）AB股（同股不同权）将公司股权分别赋予高、低两种投票权，高投票权的股权可以在股权比例低的情况下通过投票权控制公司。

【专家建议】

（1）创业初期股权不宜过于分散。很多企业在创业初期碍于"兄弟"情面平分股权或者近似平分股权。这种分散的股权，集中决策难度较大，在不可预见事项较多的创业初期，会对业务开展的效率带来很大影响，可能错失稍纵即逝的业务机会。站在投资人的角度看，企业股权太分散，投资未知事项太多和谈判成本过高，也是导致企业与投资人失之交臂的原因之一。一般情况下，创业公司比较理性的股东设置是3~9人，再多则会影响集中决策效率。

（2）对于大部分以生产、服务、贸易等传统行业或其他技术新兴行业为主业，并非以资本运作为主业的初创企业，股权设置不宜复杂，应当将注意力集中在股东分工上。谁负责抓全面工作、谁负责技术、谁负责经营、谁负责市场、谁负责生产等，要有明确的章程，并严格执行。

（3）企业可考虑预留一部分期权池。期权池是在融资前为未来引进高级人才而预留的一部分股份，如果不预留，将来引进的高级人才如果要求股份，则会稀释原创业团队的股份。硅谷的惯例是预留企业全部股份的10%~20%作为期权池，VC（Venture Capital，风险投资）一般要求期权池在其进入前设立，并要求在它进入后达到一定比例。期权池不能口头承诺，要与员工充分沟通。

【风险提示】

1. 股权代持风险大

股权代持又称委托代持、隐名投资或假名出资，是指实际出资人与他人私下约定签署股权代持协议，以他人名义代实际出资人在公司履行股东权利义务。这种情况在实践中较为普遍，但对双方都有很大的风险。

首先，隐名股东主张行使股东权力存在法律障碍，一旦代持股权被转让或被质押，善意第三人将优于隐名股东受法律保护。其次，显名股东成为被执行人，代持股权可以作为被执行财产，给实际出资人造成损失。再次，如果公司存在代持，当显名股东退出公司时可能会面临难以退出的风险。最后，如果公司计划上市，股权代持是一个实质性障碍。

2. 股权结构设计不可一劳永逸

股权结构要根据不同阶段对接资源（团队、技术、渠道、资本等）的需求变化而设计，不能一成不变，设计时要避免僵局的出现。很多公司会选择51%和49%来设计。持股51%的股东属于绝对控股，针对的是一般事项；当出现重大事项时，股东需要67%的股权才可以实现完全控制。

3. 原始股东持股51%与持股52%行使的权利千差万别

例如，甲乙两家公司原始股东持股比例分别为51%及52%，相差1%，如果两家公司无上市计划，那么在一般事项控制权方面无异，但如果两家公司均有上市打算，经过两轮上市前的股权稀释后，甲企业股东剩下的股份将丧失重大事件的一票否决权。具体见表 1-5。

表 1-5　原始股东持股 51% 和持股 52% 的差别

原始股东	甲企业股东	乙企业股东
创立持股比例	51%	52%
（1）风险投资进入公司（持股比例至少为 10%）：以购买创始人股权或增资方式实现	51%×35%	52%×35%
（2）公众流通股（持股比例至少为 25%）		
上市前两轮股权稀释后股权比例	51%×（1−35%）=33.15%	52%×（1−35%）=33.80%
股权黄金分割线（1/3≈33.34%）	33.15% < 33.34%	33.80% > 33.34%
是否具有重大事项一票否决权	无	有

　　注：《深圳证券交易所股票上市规则》（2014 年修订）第十八章的相关规定，股权分布发生如下变化将不再具备上市条件：社会公众持有的股份低于公司股份总数的 25%；公司股本总额超过 4 亿元的，社会公众持有的股份低于公司股份总数的 10%。

【案例】

股权结构随公司发展不断升级

　　第一阶段：甲和乙创立了 A 公司。

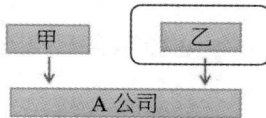

第二阶段：A 公司引入外部创业伙伴。

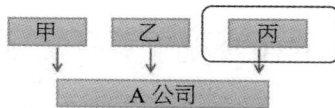

第三阶段：A 公司创业伙伴退出，设置股权激励平台吸引内部核心员工及外部投资者。

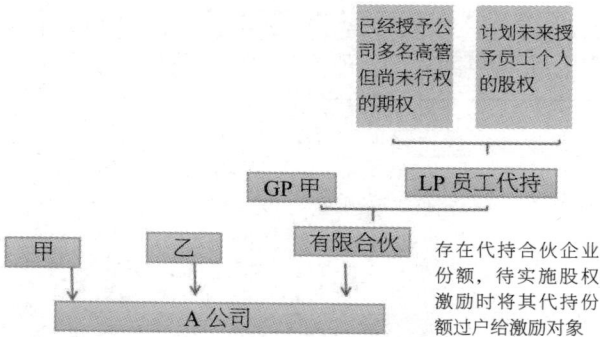

第四阶段：甲通过设立一人有限责任公司（甲子），以有限责任公司作为有限合伙企业的普通合伙人。甲不仅掌握了有限合伙企业的控制权，还将个人和普通合伙人需要承担的无限连带责任风险进行了有效隔离。

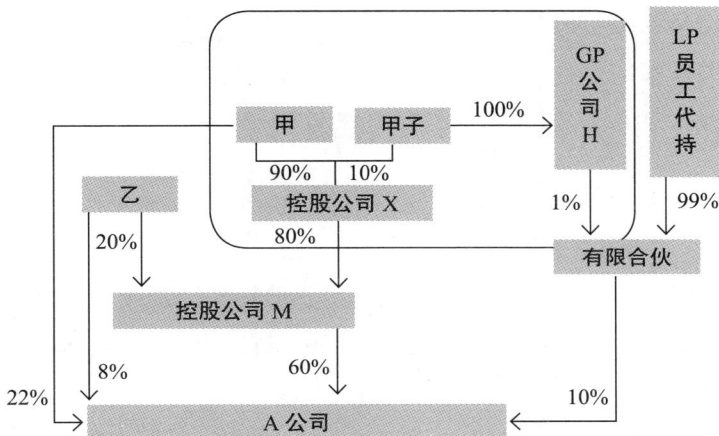

二、合理配备财务机构和财务人员

（一）自设财务部门是正道

财务渗透在企业管理的每一个环节，企业所有的经营管理

活动最终都会反映在财务数据上，从而暴露出企业经营管理的漏洞和薄弱之处。财务是企业的绝对命脉，也是企业扶摇而上的根本。

【必备知识】

1. 财务部门的职能

财务工作在企业是不可或缺的，但是不同企业赋予财务部门的职能各有不同。大致来说，财务部门的职能可以从简单到复杂分为三类。

【财务1.0】满足日常核算和纳税申报的需求，能够满足税务的要求即可。

【财务2.0】从核算型逐渐过渡至管理型，围绕"核算管理""资金管理""成本管控""内部控制""税收管理"开展工作。

【财务3.0】在财务2.0的基础上，参与企业经营预测、决策、监督等，财务部门是企业决策者的好帮手。此时的财务部门可以是"数据的翻译家""业务的监督官""资源调配师""风险分级管控师""涉税筹划师""企业价值锻造者""企业利益守护者"等。

2. 专职财务、兼职财务、财务对外委托的优劣对比

对于初创企业来说，开业之初即面临着资金收支、账务核算、纳税申报等事项。如何选择合适的方式开展财务工作是创业者的一个"必答题"。大致来说，创业者可以选择聘请专职财务人员、聘请兼职财务人员和财务对外委托三种方式开展财务工作。三种方式的优劣对比见表1-6。

表 1-6　三种财务事项解决方式的优劣对比

财务事项解决方式	优势	劣势
聘请专职财务人员	一般情况下稳定性较好，责任心强，且熟悉企业情况，能够为管理层决策提供数据分析和建议，也可以协助管理层实施财务管控和监督	人工成本较高，且有逐步增长的需求
聘请兼职财务人员	成本较低	（1）一般情况下责任心和稳定性要低于专职人员 （2）一般仅能满足基本的账务和纳税申报需求，很难为管理层提供决策、管控、监督等方面的支撑和协助
财务对外委托	成本较低	（1）如果选择代理记账，一般仅能满足基本的账务和纳税申报需求，很难为管理层提供决策、管控、监督等方面的支撑和协助 （2）如果选择财务外包，外部人员对企业内部的财务管理工作实施可能会"水土不服" （3）如果选择服务机构，可能会发生人员不稳定的情况

【专家建议】

（1）企业应尽可能自设财务部门。对于任何一个企业来说，财务工作都是非常重要的。企业只有建立自己的财务部门，聘请专职的财务人员，才能更好地处理财务事项，做好财务管理，让财务协助企业提升价值。尤其是对于稍具规模的企业，以及向往资本市场的企业，要理解业务、财务、管理者之间的相互依存关系，应当设置财务部门，提前规划财务工作，推动业财融合。

（2）企业应根据自身规模和业务特点设置财务机构。对于小型企业来说，会计和出纳各设置 1 名即可满足需求。对于中型企业来说，可设置出纳 1~2 名（收支两条线）、会计 1~2 名（总账会计、税务会计）、财务经理 1 名（核算型）。对于大型企业来说，可设置若干财务人员，如出纳、总账会计、成本会计、税务会计、销售会计、往来会计、财务经理（核算型、管控型）、财务总监等。

由于不同企业的情况千差万别，企业财务部门人员的设置还要考虑所处行业、财务部门职能、人员水平、信息化水平等多种因素。

（3）企业在初创期规模很小，在无力承担自设财务部门成本的情况下，可以选择由代理记账公司完成企业的财务工作。由于代理记账公司的质量参差不齐，企业不能仅仅通过价格来选择，而应当选择经验丰富、口碑良好、服务案例丰富、责任心强的代理记账公司，同时要提前与实际委派的财务人员进行沟通。对于毫无经验的财务新人，或者虽然经验丰富但手里企业户数太多的委派财务人员，企业坚决不能选用。

【风险提示】

（1）代理记账必须选择依法设立的企业，委托个人代理记账不合法，不受法律保护。

（2）警惕低价代理记账公司，这类公司会因为记账不合规为企业带来税务、融资、并购等各方面的重大影响。警惕初始合作超低价但后续出现其他费用的情况。

【案例】

1. 某公司管理和核算职能分离的财务架构

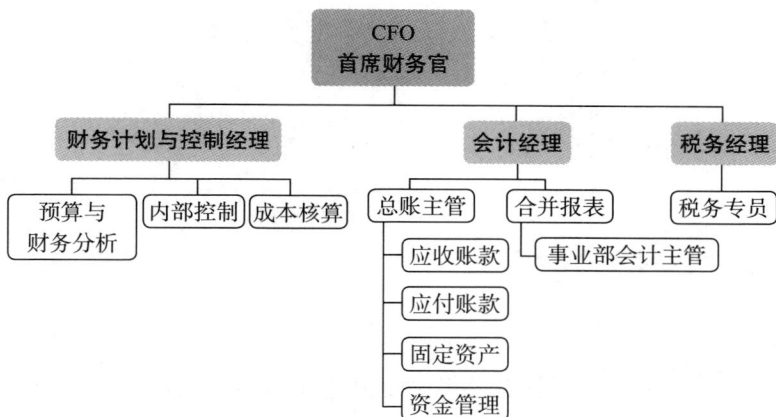

2. 代理记账给甲公司带来重大风险

甲公司成立后，聘请了乙代理记账公司。每月 25 日，甲公司出纳将财务相关票据邮寄至乙代理记账公司记账申报。甲公司的发起人、股东在公司成立后，多次以"借款"名义转出甲公司款项。甲公司出纳并未得知具体用途，也无风险意识，将借款单转移至乙代理记账公司入账。两年后，甲公司需要对外融资，需要将其账簿做移交。由于乙代理记账公司会计变动频繁，致使账簿不全。乙代理记账公司没有对甲公司发起人和股东的抽逃出资行为进行提示，也没有对账簿进行妥善保管，给甲公司带来了重大风险。

（二）如何找到合适的财务人员

【必备知识】

1.财务证书分类

财务证书分类见表1-7。

表1-7　财务证书分类

等级	任职资格		考试科目
初级	助理会计师	拥有可以从事会计工作的资格	1年内通过初级会计实务和经济法基础
中级	会计师	具有一定会计专业水平	2年内通过中级会计实务、经济法和财务管理

（续表）

等级	任职资格		考试科目
高级	高级会计师	有较高的政策理论水平和丰富的经济工作实践经验，能够解决重要经济活动中的实际问题，提出有价值的政策性意见	3年内通过高级会计实务（涵盖战略、投融资、全面预算、业绩评价、内部控制、成本管理、并购、金融工具） 3年内通过高级会计评审
执业资格	注册会计师	通过注册会计师执业资格考试并取得注册会计师证书，在会计师事务所执业的人员	5年内通过会计、审计、财务成本管理、经济法、税法、战略与风险管理、综合
	税务师	已具备从事涉税专业服务的职业能力和水平	5年内通过税法（一）、税法（二）、涉税服务相关法律、财务与会计、涉税服务实务

2.财务经验分类

财务经验分类见表1-8。

表1-8　财务经验分类

等级	适宜人群	经验值	任职建议
财务"白骨精"	（1）首席财务官CFO （2）财务总监	★★★★	10年以上，对整个企业财务行为负有责任，由董事会派出，是总经理的运营伙伴
财务牵头级	（1）财务负责人 （2）财务经理	★★★	5年以上，全面负责财务部日常管理工作，可以组织制定财务方面的管理制度及有关规定并监督执行。具备一定协调解决问题的能力、团队领导力及培养力

（续表）

等级	适宜人群	经验值	任职建议
熟手 主办级	（1）工作 3 年以上 （2）毕业后跳槽 或转岗 1~2 次	★★	有 1~3 年工作实战经验，可以弥补理论的空洞，由被动式工作开始向主动式转变，可以独立负责一个具体的工作模块，具有一定的承担力。此时可以独立胜任成本核算、费用核算、纳税申报、总账等财务独立模块
新手 入门级	（1）刚毕业 （2）刚转岗	★	单向灌输的理论知识尚未被实战所验证，适宜从事出纳或简单的会计核算工作

3. 财务人员的基本评判标准

财务人员的基本评判标准如图 1-2 所示。

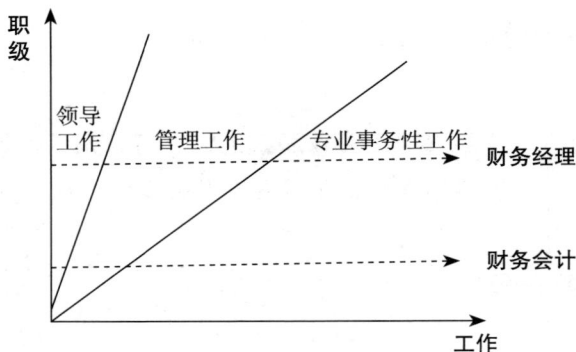

图 1-2　财务人员的基本评判标准

【专家建议】

（1）企业在选择财务人员时，一定要明确财务人员的定位和职责，避免出现"人才浪费"或者"才不配位"的情况。尤其是对于 CFO、财务总监、财务经理、财务主管、主办会计等不同层次人员的职责和能力要有较为清晰的认识，在此基础上设定招聘条件和薪资标准。

（2）企业在选择财务人员时，应正确认识证书、经验、资历、专业基础等条件对于岗位的重要性。对于 CFO、财务总监这类高层管理者，要注重经验和资历，不应过于看重证书，要关注其与管理者沟通的顺畅程度。对于财务经理、财务主管这类部门负责人来讲，经验和专业基础非常重要。对于一般的财务人员来讲，专业基础和证书则应该是最看重的。当然，企业财务人员架构不同，选择也会有所不同。对于小规模企业来讲，如果只有一名会计，经验则更重要。

【风险提示】

聘任财务人员时，"任人唯亲"有其合理的一面，但也容易因财务人员不懂专业给企业造成损失。财务人员是否可用也和年龄无关，但错用会给企业带来重大风险。

三、财务账套和报表如何设置

（一）坚决不能设置"两套账"

【必备知识】

企业要依法设置会计账簿，不准设置账外账、多套账、私设账簿。

> 政策依据：《中华人民共和国会计法》
>
> 第三条　各单位必须依法设置会计账簿，并保证其真实、完整。
>
> 第四条　单位负责人对本单位的会计工作和会计资料的真实性、完整性负责。
>
> 第五条　会计机构、会计人员依照本法规定进行会计核算，实行会计监督。
>
> 任何单位或者个人不得以任何方式授意、指使、强令会计机构、会计人员伪造、变造会计凭证、会计账簿和其他会计资料，提供虚假财务会计报告。
>
> 任何单位或者个人不得对依法履行职责、抵制违反本法规定行为的会计人员实行打击报复。

【专家建议】

（1）企业应当按照法律法规和财政部门的要求规范设置账簿，且只能设置一套账簿。现在绝大部分企业使用信息化软件设置会计账簿，进行会计核算和生成财务报表。用友、金蝶等常用的财务软件均自带会计科目和会计报表，能满足一般小企业的基本需求。但是，规模较大或者行业有特殊要求的企业，则要根据自身需求设置账簿。

（2）稍具规模的企业，设置账簿时要考虑管理需求，适当细化。例如，根据企业常用的费用类别可以对销售费用、管理费用等科目进一步细化，企业的应收款项和应付款项可以细化到客户和供应商，收入、成本、费用科目可以进一步细化到项目、部门、个人等。

【风险提示】

"两套账"是一种通俗的叫法，一般分为内账和外账。一般来说，内账是用来内部管理的，外账是报给财政、工商、税务、银行、统计局等机构的。不少企业设置"两套账"主要是为了"少交税"，但是这种做法一旦被税务部门查处，企业将面临严厉的处罚，情节严重的管理者个人还会受到刑事处罚。而且，"两套账"对于企业日后融资、上市等都是难以解决的"硬伤"。

【案例】

某股份公司在 2014 年、2015 年、2016 年期间设置多个账套，分别用于内部管理、对外披露、对外融资等。证监部门检查发现，该公司通过虚构业务方式、伪造收付款票据、虚增部分客户的业务规模等方式虚增营业收入和营业成本、虚减财务费用，实现虚增利润的目的。证监部门责令该公司改正违法行为，给予警告，并处以60 万元罚款；对韩某某（实际控制人）给予警告，并处以 90 万元罚款；对胥某某（财务总监）给予警告，并处以 15 万元罚款。

（二）"三张报表"不够用

【必备知识】

1. 不同报表使用者对财务报表的需求

不同报表使用者对财务报表的需求见表 1-9。

表 1-9　不同报表使用者对财务报表的需求

报表使用者	需求
股东	我投入的钱能赚多少？我能分多少
债权人	我借给你的钱，你有没有能力归还
税务部门	是否偷漏税？票据是否合规
潜在投资人	盈利吗？现金流优异吗？资源板块布局合理吗？是否存在舞弊

2. "三张报表"的作用和内容

资产负债表、利润表和现金流量表是企业最基本的三张财务报表，也是财政、税务等部门要求企业必须编制的三张报表，主要用来反映企业资产、负债、盈利状况、现金流量等情况，可以帮助使用者了解企业最基本的财务状况。"三张报表"的内容见表 1-10。

表 1-10　"三张报表"的内容

项目	资产负债表	利润表	现金流量表
时点数 / 期间数	月末、季度末、年末时点数	月度、季度或年度期间数	月度、季度或年度期间数
内容	反映企业月末、季度末、年末当天的资产、负债和所有者权益状况	反映企业月度、季度或年度的收入、成本、费用、利润情况	反映企业月度、季度或年度的资金收支情况

3. 管理会计报表的内容和作用

对于企业而言，仅编制"三张报表"是远远不能满足企业管理的要求的，还要根据业务设计适合自身管理要求的管理会计报表。常见的企业管理会计报表见表 1-11。

表 1-11　常见的企业管理会计报表

管控要求	报表名称	内容
事前管控	全面预算报表	包含经营预算、投融资预算、财务预算等的一套表格
	盈利预测表	项目、产品、渠道（注意对重点项目产品要单独列表）
	订单毛利预测表	毛利 = 收入 – 成本（注意分解至每笔订单）
	合同管理报表	基于合同台账设计，包含合同总额、履约执行、结算、变更等事项
	资金预测分析表	资金日报（资金流向预测反映动态，用于资金调配调拨，每日报告） 资金旬报（资金需求实施旬报制）

管控要求	报表名称	内容
事中管控	市场变动趋势及数据分析表	市场预测变动因素（注意：市场占有率异动）、市场客户及情报分析、市场状况及问题、竞品动态及反应、签约率、质量分析、促销成本分析、新项目开拓调研、媒体利用分析等
	订单及成交额变动趋势分析表	季节引起的循环变动、偶然变动或阶段性变化；市场销售额、成交额、物流订单量、退单率、订货方式、调货异动等
	收入结构及变动趋势分析表	产品结构、同类销售比率、自身销售增长趋势、销售政策调整变化、上年同期百分比、对畅销品的销售推广投入、滞销品资源占用情况、不良债务的变化情况、无效收入等
	成本对标分析表	对项目／部门的成本结构变化及变动趋势、产品结构及成本变动趋势、成本效益因素、无效作业等进行分析
	费用趋势分析表	对项目／部门的费用结构变化及变动趋势（销售费用、管理费用、研发费用、财务费用）等进行分析
	利润变动及趋势分析表	对利润变动和变动趋势进行分析
	现金流量变动趋势分析表	现金流各项目变动趋势分析（注意分析变动趋势对企业是否有利，对未来现金流及损益的影响）
事后管控	KPI 指标评价表	企业整体考核标准及等级分布变化 例如：定量、定性、评分标准，目标（下限值、标准值、挑战值），权重，实际完成情况，数据来源，得分，未达成情况说明等

（续表）

管控要求	报表名称	内容
事后管控	产品毛利分析表	产品类别、规格、型号、单位、销量、单价、单位成本、单位毛利、总毛利、目标（如上月值、预算值）、差异分析
	应收款项分析表	对应收款项的形成、回收、账龄、坏账等进行分析
	存货分析表	存货结构（平销、滞销、畅销、残损等；原料、辅料、在产品、产成品、外委加工、代销、自制再加工等）、规格型号、存放地、生产量、入库量、出库量、内部调拨量、计划目标、差异分析等
	应付款结算方式分析表	供应商类别、结算方式（汇款、汇票、银承、汇兑、委托收款、信用证、信用卡、第三方结算平台等）、结算到账约定（T+0 当天到账，T+1 第二天到账，T+3 第四天到账）、结算额度（银行开户授权额）、计划结算、支付进度、尚未结算、供应商变化及采购信用政策变化等
	内部经营分析报告	业务完成情况、财务状况变动情况

【专家建议】

（1）"三张报表"是企业最基本的会计报表，企业在纳税、信息公示、投标、融资、申请特殊资质等业务中，要向税务部门、市场监督部门、银行、投资者等外部单位提供。会计报表应当根据登记完整、核结无误的会计账簿记录和其他有关资料编制，做到数字真实、计算准确、内容完整、说明清楚。任何人不得篡改或者授意、指使、强令他人篡改会计报表的有关数字。

（2）企业内部管理会计报表应当从企业管理实际出发，体现企业的管控思想和管控意图，将管控内容和管控措施落实到报表上，切勿拿来主义，不假思索直接照搬。成熟的大企业的管理会计报表一般都比较复杂，不一定适用于中小企业。即使是参考规模和行业类似的其他企业的管理会计报表，企业也要在认真对比分析的基础上，将其转换成适用于本企业的报表。

【风险提示】

企业会计报表不能表里不一，给股东一套、给税务一套、给银行一套、给社保一套……这样会给企业带来很大的风险。

【案例】

某企业资金滚动计划表

序号	内容	资金流入 上月执行情况 上月计划	上月实际	计划 本月	次月	第三月
1	月初资金余额					
1.1	其中：自有资金					
1.2	保证金					
1.3	总部已批款但公司未付款的款项					
2	银行承兑汇票余额					

序号	内容	资金流出 上月执行情况 上月计划	上月实际	计划 本月	次月	第三月
1	月度经营收支计划表支出					
2	开具银行承兑汇票的保证金支出					
3	户内安装施工款支出					
4	项目公司自行采购材料款支付					
5	工程进度款支出					

（续表）

资金流入

序号	内容	上月执行情况 上月计划	上月执行情况 上月实际	计划 本月	计划 次月	计划 第三月
3	××费现金流入					
4	××销售产品销售现金流入					
5	其他主营产品销售现金流入					
6	其他经营现金流入					
7	借款流入					

资金流出

序号	内容	上月执行情况 上月计划	上月执行情况 上月实际	计划 本月	计划 次月	计划 第三月
6	总部统一订单的材料款支出（按照到货情况预测在到货后一个月内支付）					
7	房产、车辆购置支出					
8	土地购置支出					
9	工程类其他支出					
10	偿还到期借款					

（续表）

资金流入

序号	内容	上月执行情况		计划		
		上月计划	上月实际	本月	次月	第三月
8	其他往来流入					
	小计					
	资金余缺					

资金流出

序号	内容	上月执行情况		计划		
		上月计划	上月实际	本月	次月	第三月
11						
	小计					
资金缺口的填补计划：						

（三）财务软件选择有学问

> 总经理："我们为什么需要财务软件？买财务软件需要多少钱？在网上下载个免费软件可以吗？公司刚成立，有必要买正版软件吗？是不是太破费了？"
>
> 会计："你别着急，听我慢慢道来……"

【必备知识】

财务软件最基本的功能是代替手工账，实现电子化的会计核算和报表编制。财务软件根据财务人员手工录入的会计凭证，自动登记现金、银行、收入、成本、费用、往来等明细账和总账，自动生成资产负债表、利润表、现金流量表等各种账表。

在此基础上，不少财务软件还增加了财务监测、财务分析、财务预警、领导人驾驶舱等功能。有些企业的 ERP 管理系统，将业务系统和财务系统有机融合，实现了业财一体化管理。

【专家建议】

（1）企业在选择财务软件时，首先要明确对软件的功能需求。以核算报表为主的需求和以财务管理为主的需求大不相同。一般来说，比较综合的财务软件能够满足大部分的核算报表需求和财务管理需求。但是，针对一些行业或者一些业务模块，有些比较专业的软件也有其特色。此外，费用也是选择软件的重要考虑因素，尤其是在功能较多、总体费用较高的情况下，企业需要综合考虑。

（2）企业在确定对财务软件的功能需求时，要综合考虑现有的业务成熟度和业务规模。对于初创企业来讲，业务模式尚不成熟，财务软件应当先满足最基本的会计核算和会计报表功能，选择较为成熟的核算报表软件即可。当企业发展到一定阶段，对财务管理有了较高要求，业务模式也相对成熟，就可以考虑增加财务管理模块，如全面预算、资金计划、报销管理、合同管理、财务分析等。当企业规模更大，业务比较成熟时，就可以考虑业财一体化系统，或者委托专门机构进行定制开发。

【风险提示】

企业切勿"贪便宜"使用免费财务软件。一方面，免费财务软件大多功能不完善，容易出现各种技术问题，造成企业账务混乱。另一方面，有些免费财务软件刚开始免费，用过一段时间后就要收取高额费用，企业如果此时再更换软件，以前的数据取不出来，只能忍痛出血。

【案例】

某企业总经理在网上找了一个免费的盗版财务软件给财务用。这个软件刚开始勉强凑合着能用，半年之后突然弹出信息，要求联系某人支付费用，否则账套无法使用……接下来的结果可想而知，总经理支付了一大笔费用，远远超过了购买一款正版软件的费用。

四、如何建立基本的财务规范

（一）个人银行账户不要用

企业账户与个人账户混存混用被查

总经理不信任会计，每次都把款打入自己的个人账户再统一对外结算，原本以为是加强了资金监管，结果竟然背上挪用资金的罪名。

总经理："用个人银行账户给企业走流水行不行？企业账户与个人账户有区别吗？"

【必备知识】

企业银行账户的分类和作用见表 1-12。

表 1-12　企业银行账户的分类和作用

	银行账户类型	作用
1	基本存款账户（只能有一个）	企业必须开立基本存款账户，用于企业日常生产经营过程中的资金收付，可以支取现金，也可以转账
2	一般存款账户（可以有多个）	企业可以根据业务需要选择在基本账户所在银行之外的其他银行开立一般存款账户。一般存款账户能办理转账结算和现金缴存，但不能办理现金支取。一般存款账户与基本存款账户之间可以相互转账
3	支付宝企业号	企业类型的支付宝账户一定要有企业银行账户与之匹配

【专家建议】

企业除了开立基本存款账户之外，还可以根据业务需要开立若干一般存款账户。选择基本存款账户时应综合考虑距离、服务效率、服务态度、银行信誉、收费标准、银行资源（理财、信贷等）等多种因素。一般存款账户不宜开立太多，能够满足基本业务需求即可。银行账户太多会给管理造成负担，也容易失控。

【风险提示】

有些企业出于各种目的，大量使用企业领导、高管人员、财务人员的个人账户进行企业资金的收取和支付，实际上这种做法存在很大的风险。对个人而言，自己银行账户中大量的资金收付可能引起"洗钱"的嫌疑，被金融监管部门调查。对企业而言，"体外循环"的资金容易失控，贪污、挪用、舞弊等风险相当高。而且，"体外循环"的资金往往不按规定纳税，税务风险很高。

自 2022 年 3 月 1 日起，我国已禁止个人收款条码用于经营性收款，以防收款条码被租售、外借或用于其他违法违规活动中。

【案例】

法人与公司资金频繁交易被调查

2017 年 6 月，眉山市某商业银行依照《金融机构大额交易和可疑交易报告管理办法》向眉山市人民银行反洗钱中心提交了一份有关黄某的重点可疑交易报告。眉山市人民银行立即通过情报交换平台向眉山市税务局传递了这份报告。经查，黄某在眉山市某商业银行开设的个人结算账户，在 2015 年 5 月 1 日至 2017 年 5 月 1 日期间共发生交易 1 904 笔，累计金额高达 12.28 亿元。这些交易主要通过网银渠道完成，具有明显的异常特征。黄某本人身份复杂，是多家公司的法定代表人，其个人账户与其控制的公司账户间频繁交易，且资金通常是快进快出，过渡性特征明显。最终，税务查出黄某 2015 年从其控股的眉山市公司取得股息、红利所得 2 亿元，未缴纳个人所得税 4 000 万元。

（二）现金使用要适度

> 　　总经理："我习惯用现金了，跟我做生意的这几个老客户也都习惯了，会计帮我想办法多取点现金吧。"
>
> 　　会计："不行啊，现在现金管理很严格，不能随意支取！"

【必备知识】

中国人民银行对企业现金结算范围有严格限定，一般支付现金一次不得超过 1 000 元，具体规定如下。

现金支出范围

政策依据：《现金管理暂行条例实施细则》

第六条　开户单位之间的经济往来，必须通过银行进行转账结算。根据国家有关规定，开户单位只可在下列范围内使用现金：

（一）职工工资、各种工资性津贴；

（二）个人劳务报酬，包括稿费和讲课费及其他专门工作报酬；

（三）支付给个人的各种奖金，包括根据国家规定颁发给个人的各种科学技术、文化艺术、体育等各种奖金；

（四）各种劳保、福利费用以及国家规定的对个人的其他现金支出；

（五）收购单位向个人收购农副产品和其他物资支付的价款；

（六）出差人员必须随身携带的差旅费；

（七）结算起点以下的零星支出；

（八）确实需要现金支付的其他支出。

【专家建议】

企业在办理收支业务时，应尽可能减少现金的使用，尽量使用汇款和银行转账等方式，以保留资金收付记录和证据。尤其是工资、劳务费等个人支付，应当通过银行转账。此外，大量使用现金时，涉及存、取、清点、验钞、盘点等手续，会增加企业的管理成本和管理风险。一般情况下，企业保留3~5天的日常零星开支所需的库存现金即可。

【风险提示】

（1）企业去银行存现或者提现应该至少2人同往并配专车，以防止偷窃、抢劫、舞弊等情况。

（2）企业支付现金可以从本单位库存现金限额中支付或者从开户银行提取，不得从本单位的现金收入中直接支付（即坐支）。

【案例】

甲广告公司制定了《现金管理制度》，对现金使用范围进行了明确，要求不属于现金结算范围的款项收付，一律通过银行进行转账结算。但是，采购人员和销售人员购买零星商品和外地出差等业务较为频繁，使用银行转账效率太低。为解决这一问题，公司建立了公务卡制度，由财务部门统一为现金需求量大的采购人员和销售人员办理信用卡，专门用来办理相关现金业务。持卡人每月按财务制度履行报销支出手续，财务部门统一还款。通过执行这一制度，公司大大降低了现金使用量，控制风险的同时还提高了办事效率。

（三）报销支出不扯皮

【必备知识】

1. 常见报销支出单据及用途

常见报销支出单据及用途见表 1-13。

表 1-13　常见报销支出单据及用途

类型	用途	说明
借款单	用于借支备用金	企业内外部借款使用，先借款后报销
费用报销单	用于日常费用报销	差旅费、停车费、过路费、加油费、业务招待费用等各种零星费用支出
支出凭单	用于对外支付等	需要银行转账或者开具支票的项目款、采购款等

2. 常见报销支出流程

企业常见报销支出流程为：经办人签字→部门负责人签字→财务审核→总经理审批。

3. 财务报销审核未通过的常见原因

（1）发票不符合要求，如企业名称错误、无盖章、内容与业务不符、假发票等。

（2）内部审批签字不齐全。

（3）缺少发票之外的其他证明资料，如差旅费的出差申请、办公费的办公用品明细、固定资产的验收单等。

（4）费用超过标准限额。

（5）报销单据填写内容与后附的证明资料不一致。

【专家建议】

企业应当建立健全报销支出管理制度，明确报销支出的审批流程、支出标准、支出单据、需要的证明资料等，并对所有涉及的人员进行专门培训，使其掌握报销支出的基本要求。对于支出单据，企业应当根据实际情况自行设计，不宜过于复杂；对于需要的证明资料，企业应当根据费用类别归纳并书面明确。财务人员应当保持良好的心态，对不合规范的报销支出耐心说明，指导业务人员采取补救措施。业务人员应当提前学习报销支出的规定，办理业务时提供相关资料，认真填写单据，按流程履行审批手续，出现问题及时采取补救措施。

【风险提示】

企业稍具规模后，各种报销支出业务会随之增加。在支出审核中，除了审核发票外，企业还要对原始证据链的真实性、合法性、关联性进行审查，防止虚假业务报销。

【案例】

某咨询公司差旅费管理混乱

某咨询公司差旅费管理混乱，造成差旅费虚报、超标等多项问题。具体包括：（1）业务人员出差事先不申请，事后补报销手续；（2）出差人员节约意识淡薄，随意消费，擅自提高报销标准，最后以公务为由，全部实报实销；（3）差旅费中大量混入电话费、培训费、汽油费、停车费、租车费、办公用品、会议费、咨询费等发票，远远超出差旅费的内容；（4）存在多个非出差时间段的费用发票，无法解释票据与公务的关联性。

五、如何建立基本的税务规范

（一）依法纳税的意识很重要

监管像一面镜子，你认真地看着它，它才能正视你。

"智税"时代，企业这艘大船由谁来保驾护航？在我们关注商业模式、资源共享、资本助力时，财税管理的风帆是否已经待命？企业这艘大船能穿过财税风浪吗？

【必备知识】

1. 企业常用税种介绍

我国目前执行的税种有 18 个，分别为增值税、消费税、企业所得税、个人所得税、资源税、城市维护建设税、城镇土地使用税、土地增值税、车船税、房产税、印花税、船舶吨税、车辆购置税、关税、契税、烟叶税、环保税和耕地占用税。其中，增值税、企业所得税、个人所得税、城市维护建设税、印花税所有企业基本都会涉及。此外，教育费附加虽然不属于税种，但是随增值税一起申报缴纳。

2. 企业纳税申报的基本常识

企业纳税申报的基本常识见表 1-14。

表 1-14　企业纳税申报的基本常识

税种	税率	纳税时间
增值税	（1）一般纳税人：增值额的 6%、9%、13% （2）小规模纳税人：收入的 3%	每月 15 日前申报缴纳上月税金，遇法定节假日会顺延
城市维护建设税	增值税纳税额的 1%、5%、7%	同增值税
教育费附加	增值税纳税额的 3%、4%	同增值税
地方教育费附加	增值税纳税额的 1%、2%	同增值税
企业所得税	利润的 25%，优惠税率为 20%、15%	每季度 15 日前申报缴纳上季度税金，年度结束后汇算清缴
印花税	设立账簿、签订合同等业务，税率最高为 1/‰，最低为 0.5‰	季度、年底统一申报或者按次申报

（续表）

税种	税率	纳税时间
个人所得税	个人承担，由企业代扣代缴	每月 15 日前申报缴纳上月税金，年度结束后汇算清缴

【专家建议】

（1）创业初期的企业，务必要弄清本企业需要缴纳的税种，各税种的计算方法、申报缴纳时间等，在规定时间内按照要求申报纳税。税收有着很强的约束力，企业无论是发生应报未报、应缴未缴、计税错误，还是其他涉税问题，都可能引来税务稽查甚至税务处罚，对企业影响非常大。只有严格按税法规定申报纳税，企业才能避免相关的税务风险。

（2）大部分规模较小的初创期企业，无论是增值税、企业所得税，还是个人所得税，税收筹划空间都不是很大，不要过度相信所谓的"税收筹划"。尤其是对于那些宣称能够降低 50% 税负甚至降低 80% 的所谓"税收筹划"，一定要擦亮眼睛，不要因被一时的贪欲所蒙蔽而给企业带来巨大风险。

【风险提示】

企业在纳税申报过程中要树立依法纳税的意识。采用"两套账"、个人银行账户收款等方式隐瞒收入，或者虚列成本费用，这些简单粗暴的偷逃税方法，在现在的税务监测和稽查下如同"皇帝的新装"。

【案例】

　　江西省赣州市税务稽查部门依据大数据分析，查处大余县闽鑫钨业有限公司骗取增值税留抵退税和偷税案件。经查，该企业通过个人收款不申报隐匿销售收入818.15万元，还通过注册空壳小规模纳税人企业违规享受低税率或者免征优惠转移销售收入1 337.3万元，共计偷税365.04万元、骗取留抵退税78.64万元。税务稽查部门依法追缴企业偷税款共计365.04万元，并依据《中华人民共和国行政处罚法》《中华人民共和国税收征收管理法》的相关规定，对其处1倍罚款、加收滞纳金；追缴企业骗取的留抵退税78.64万元，并且处2倍罚款。

（二）管好发票是基础

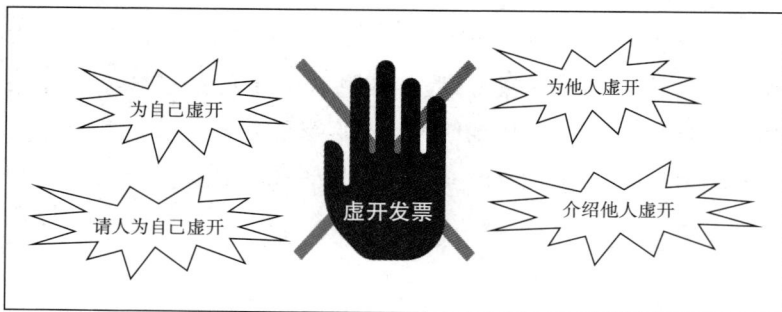

【必备知识】

1. 发票的重要作用

发票是企业确认收入、费用、资产的重要凭证和入账依据。企业取得收入要开具发票，确认费用、资产要取得对方单位开具的发票。尤其是企业购买商品、服务，如不能取得发票，增值税进项税额就不能抵扣，费用也不能在企业所得税税前扣除，这会直接导致企业多交税。发票由税务机关统一管理，企业开具发票和取得发票都要符合税务规定。

实践中，企业如果从行政事业单位购买商品、服务，对方提供了加盖财政部门监制章的财政收据，也可以作为入账依据。

2. 发票的种类及使用规范

填开发票的单位和个人必须在发生经营业务确认营业收入时开具发票。未发生经营业务一律不准开具发票。发票的种类及使用规范见表1-15。

3. 税务对发票开具、保管和丢失的要求

（1）发票的开具

① 所有单位和从事生产、经营活动的个人在购买商品、接受服务以及从事其他经营活动支付款项时，应当向收款方取得发票。取得发票时，不得要求变更品名和金额。

② 不符合规定的发票不得作为财务报销凭证，任何单位和个人有权拒收。

（2）发票的保管

① 使用电子计算机开具发票，须经主管税务机关批准，并使用税务机关统一监制的机外发票，开具后的存根联应当按照顺序号装订成册。

② 任何单位和个人不得转借、转让、代开发票；未经税务机

表 1-15　发票的种类及使用规范

种类	票样	申领及使用要求
增值税专用发票	纸质票样： 	首次申领增值税专用发票的新办纳税人应办理发票票种核定，增值税专用发票最高开票限额不超过10万元，每月最高领用数量不超过25份

（续表）

种类	票样	申领及使用要求
增值税专用发票	电子票样： ××增值税专用发票	纳税人开具增值税专用发票时，既可以开具增值税电子专用发票，也可以开具纸质专用发票。受票方索取纸质专用发票的，开票方应当开具纸质专用发票 纳税人开具电子专用发票后，发生销货退回、开票有误、销售折让等情形，需要开具红字电子专用发票

（续表）

种类	票样	申领及使用要求
增值税普通发票	纸质票样： 北京增值税普通发票 1100143350	目前增值税普通发票分为万元版、十万元版和百万元版。如果由税务局代开具增值税普通发票，金额可以不限，普通企业最高限额100万元

（续表）

种类	票样	申领及使用要求
增值税普通发票	电子票样： 	增值税电子普通发票是普通发票的开票方和受票方需要纸质发票的，可以自行打印增值税普通发票的版式文件，其法律效力、基本用途、基本使用规定等与税务机关监制的增值税普通发票相同

（续表）

种类	票样	申领及使用要求
增值税普通发票	卷票票样： 	增值税普通发票（卷票）由纳税人自愿选择使用，重点在生活性服务业纳税人中推广使用 用票单位和个人有权申请税务机关对发票的真伪进行鉴别。收到申请鉴别发票的，应当受理并负责鉴别发票的真伪；鉴别有困难的，可以提请发票监制税务机关协助鉴别

（续表）

种类	票样	申领及使用要求
机动车销售统一发票		按照"一车一票"原则开具机动车销售统一发票，即一辆机动车只能开具一张机动车销售统一发票，一张机动车销售统一发票只能填写一辆机动车的车辆识别代号/车架号 向消费者销售机动车，销售方应当开具机动车销售统一发票；其他销售机动车行为，销售方应当开具增值税专用发票

（续表）

种类	票样	申领及使用要求
二手车销售统一发票		二手车经销企业、经纪机构、中介和拍卖二手车收取款项时开具和拍卖企业、在销售、具。购车方记账后交公安管部发票联、转移登记联由门办理过户手续

（续表）

种类	票样	申领及使用要求
通行费	收费公路通行费电子票票样及汇总单： 	使用ETC卡交纳的通行费，以及ETC卡充值费，开具通行费电子票据，不再开具纸质票据 客户采取充值方式预存通行费，可由ETC客户服务机构开具不征税发票，不可用于增值税进项税额的抵扣 电子汇总单的信息发生变更的，应重新开具电子汇总单，原电子汇总单自动作废失效，电子汇总单可通过服务平台查询

（续表）

种类	票样	申领及使用要求
通行费	**收费公路通行费电子票据汇总单** （按行程索引） 汇总单号：11720200500000001 车牌号码：京A12345　交易金额：¥395.50　行程数量：3　票据数量：7 购买方名称：××公司　纳税人识别号：91110000123456789X　开票申请日期：2020年5月1日 （见下表）	
其他	门票、过路（过桥）费发票、定额发票、客运发票	

票据明细：

行程序号	通行日期起止	出入口信息	交易金额	拆分金额	票据序号	票据代码	票据号码	金额(含税)	税率	税额
1	20200501 至 20200501	京-北京牡丹村 至 冀-河北保定	80.00	38.00	1	01001900112	00771011	76.00	3%	2.22
				42.00	2	13021020	0000212341	42.00	-	-
2	20200504 至 20200505	骑-谷全球精澜 奔腾全息名苑	235.50	168.50	3	03700190112	00765342	168.50	不征税	***
				16.00	4	03600190112	03653743	16.00	3%	0.47
				16.00	5	03600190112	01842935	16.00	3%	0.47
				35.00	6	03600170112	08258548	35.00	5%	1.67
3	20200509 至 20200509	京-北京牡丹村 至 冀-河北保定	80.00	38.00	门1号素描	01001900112	00771011	-	-	-
				42.00	7	13021020	0000212347	42.00	-	-
共3段行程			¥395.50	¥395.50	共7张票据			(小写)¥395.50		¥4.83

金额合计（大写）⊗叁佰玖拾伍元伍角

备注：

关批准，不得拆本使用发票；不得自行扩大专业发票使用范围。

③ 任何单位和个人未经批准，不得跨规定的使用区域携带、邮寄、运输空白发票。

④ 开具发票的单位和个人应当按照税务机关的规定存放和保管发票，不得擅自损毁。已开具的发票存根联和发票登记簿应当保存五年。保存期满，报经税务机关查验后销毁。

（3）发票的丢失

纳税人同时丢失已开具增值税专用发票或机动车销售统一发票的发票联和抵扣联，可凭加盖销售方发票专用章的相应发票记账联复印件，作为增值税进项税额的抵扣凭证、退税凭证或记账凭证。

4. 发票真伪查询通道

单位和个人可以通过全国增值税发票查验平台对电子专票信息进行查验，也可以通过全国增值税发票查验平台下载增值税电子发票版式文件阅读器，查阅电子专票并验证电子签名的有效性。

【专家建议】

（1）税务机关对发票的管理非常严格，对发票的申领、开具、作废、保管等都有明确要求。初创期企业应当认真学习相关要求并严格执行，避免因不熟悉政策给自己带来麻烦，尤其不要触碰"虚开发票"的红线。

（2）初创期企业在购买商品和服务时，应合法合规取得发票，并对发票真伪进行查询，不可为了所谓的"低价"或者

"优惠"不去索要发票，更不可通过"买发票"等非法方式虚增企业费用。

【风险提示】

（1）虚开发票是一种严重的违法行为，是不可触碰的"红线"。

虚开发票的情形

政策依据：国务院关于修改《中华人民共和国发票管理办法》的决定（国务院令第 587 号）

第二十二条　任何单位和个人不得有下列虚开发票行为：

（一）为他人、为自己开具与实际经营业务情况不符的发票；

（二）让他人为自己开具与实际经营业务情况不符的发票；

（三）介绍他人开具与实际经营业务情况不符的发票。

（2）购买假发票也是一种违法行为。

非法取得发票的处罚

政策依据：国务院关于修改《中华人民共和国发票管理办法》的决定（国务院令第 587 号）

第三十九条　有下列情形之一的，由税务机关处 1 万元以上 5 万元以下的罚款；情节严重的，处 5 万元以上 50 万元以下的罚款；有违法所得的予以没收：

（一）转借、转让、介绍他人转让发票、发票监制章和发票防伪专用品的；

（二）知道或者应当知道是私自印制、伪造、变造、非法取得或者废止的发票而受让、开具、存放、携带、邮寄、运输的。

【案例】

大连查处一虚开团伙骗取留抵退税案件

大连市税务稽查部门根据税收大数据发现的线索，联合公安机关依法查处一虚开团伙控制 3 家企业骗取留抵退税案件。经查，该虚开团伙控制的 3 户企业，在没有真实货物交易的情况下，接受虚开的增值税专用发票，形成留抵税额 109.12 万元，同时对外虚开增值税专用发票价税合计 1.16 亿元。公安机关依法对该犯罪团伙进行打击，抓获犯罪嫌疑人 22 名。

第二章

不同思维方式的碰撞与协同
——如何站在财务角度看问题

企业不同层级、不同部门的人员在看待同一问题时，往往会有不同的角度和重点，有时会出现各执己见的情况，导致工作上相互推诿，责任上相互扯皮，最终影响企业的经营效率。因此，只有管理层、业务部门、财务部门都具备正确的财务思维，思想上能够"心有灵犀"，工作起来才能够"相辅相成"。

一、企业管理两大思维的碰撞——业财鸿沟

业务员小张："财务能不能通融通融，发票后面再补，领导已经签字啦！"

财务小王左右为难：通融吧，财务彻底沦为"背锅侠"；不通融，可能又要被投诉了。"你找领导去吧。"

领导陈总不懂财务，觉得后补发票不是什么大事，就随口答应了。

久而久之，这家公司便有了"先支后补手续"这个不成文的惯例，财务审核成了摆设，财务制度沦为"废纸"。

【必备知识】

1. 账是业务做出来的

在不少人眼中，财务人员是"做账"的，那么自然而然能决定做出来的账是什么样的。其实不然，财务人员"做账"只是对业务活动的"记录"和"反映"，而且这种记录和反映有严格的程序和方法，本身并不能改变结果。从"业务活动→发票等原始凭证→记账凭证→会计账簿→会计报表"这个简单的流程来看，业务活动结束并取得原始凭证后，财务人员才能通过既定的规则对业务活动进行记录和反映。从这个意义上说，账是业务做出来的。

2. 业务思维与财务思维的区别

业务部门以完成业务指标为首要任务，考虑更多的是如何扩大销售、增加产出，但财务人员考虑更多的是如何防范财务风险、增加盈利等。以销售部门为例，业务思维与财务思维的区别见表 2-1。

表 2-1 　业务思维与财务思维的区别

	销售视角	财务视角
目标	销售是我的使命，来的都是客，以营业额论成败，营业额越多企业越赚钱	过度的赊销会给现金流致命一击；以现金平衡为目标，避免出现资金流断裂
指标	客户量（越多越好） 合同额（越大越好）	目标利润 = 收入 − 成本 现金结余 = 资金流入 − 资金流出

【专家建议】

实践中，引起业务部门和财务部门配合不佳甚至发生冲突的情况比较多，但相互不理解对方的思维方式是其中一个很重要的原因。业务部门经常觉得财务部门要求太多，总是拖后腿。财务部门经常觉得业务部门"管前不管后"，不考虑风险，给财务"挖坑"。这时，如果双方都能对对方的工作有一定程度的了解，站在对方的角度看问题，坐下来"好好说话"，很多问题就能迎刃而解了。

【风险提示】

（1）有些业务人员不按规定取得发票等原始凭证，给企业带来税务风险；有些业务人员用个人账户收款，或者现金收款不及时交到财务部门，造成企业资金损失；有些业务人员过度赊销，给企业带来大量坏账。

（2）有些财务人员不理解业务特点，过于机械地执行财务制度，甚至凭自己的感觉随意延迟报销或者对外付款，造成供货延迟、企业信誉受损等不良后果。

【案例】

某企业成本高企，总经理将财务经理与车间相关负责人召集过来商量对策。相关人员发言如下。

生产车间副厂长："生产车间成本分布在各个工序和部门消耗的控制上。首先，我们对各工序进行了生产工序跟踪。目前，我们车间共有 13 道工序，其中 6 道属于关键工序，已实施了质量控制。打磨与灌装 2 道工序要求技术水平颇高，并直接影响下一工序的进程，这个完全看质量验收部的验收结果，由于现场环节与质量计划偏差甚大，质量验收依据计划验收会导致计划与实际不符，质量目标无法实现。另外，检查数据频见错误，信息传递不及时，很多产品因等待验收而滞留生产车间，从而造成储存环节成本居高不下。"

生产车间主任："采购部门中途更换供应商没有跟我们车间打招呼，新的元器件与设备不匹配，需要车间增加一个处理工序才能使用。另外，原材料和辅料在进厂时检验都合格，但在生产使用过程中总是出现不良品，这有可能是各种材料相互之间的性能不匹配所导致的。"

财务经理："企业对销售情况的预测不准确，生产加工的产品与客户要求不符，造成产能和物料的浪费；订单需求说改就改，导致采购供应不及时，企业物料管理失控，从而造成企业经营低效。今年上半年销售部接了 7 笔紧急订单，但并没有与客户确认清楚交货时间，生产环节加班加点，挤占了其他订单的生产资源，影响了其他订单按时交货，致使客户不满，至今销售款未回。而这 7 笔订单中目前只有 1 笔提货了，其他 6 笔客户均要求延迟提货。"

大家各有各的说法，这成本到底应该怎么砍呢？

二、管理者的角色定位与财务价值释放

总经理：

"不懂财务我照样把公司做大了，你就按我的要求做账去。"

"财务就是打杂的，啥都不懂。"

"财务这也不让那也不让，公司关门算了。"

"财务部门报的数据跟业务部门不同，肯定是财务部门算错了。"

"我不想交那么多税，财务部门去想办法吧。"

财务人员：

"我是人在江湖飘，万般不由己。"

"领导不舍得花钱买财务软件，全靠我手工算账。"

【必备知识】

1.管理者必须面对的财务问题

作为企业的管理者，如果要想赚取更多利润，就不能做"甩手掌柜"，必须面对财务问题，要对诸多财务事项做出决

策，甚至要主动推动财务创新和改革。不同的企业、不同的管理者在财务事项上的深入程度差异很大，但大部分管理者对于全面预算目标设定、重大对外投资、销售政策制定、重大资金安排和支出、重大资产购置、重大融资、降本增效、内部控制建设等与财务有关的事项必然要介入。

2.财务的真正价值是什么

对企业而言，财务最大的价值并不体现在报销支出审核、账务报表处理和纳税申报等常规工作上，而是通过事前规划、辅助决策、事中控制到事后评价等，全程参与企业的经营管理活动，并在这个过程中直接为企业创造价值。具体而言，在企业发展规划制定、全面预算管理、产供销政策制定、投融资决策、成本管控、内部控制、纳税筹划、绩效评价等多个方面，财务均可以深度参与，协助管理者或者业务部门创造价值并防控风险。

【专家建议】

（1）作为管理者，不但要懂业务，更要懂财务。一方面，管理者要学习基本的财务知识和财税法规，避免因不懂法规而交了"智商税"。另一方面，管理者要学习财务管理知识，了解在哪些业务中可以利用财务管理的理念、方法、模型等辅助决策、控制风险、提升价值。进一步来讲，管理者要能把本企业的业务和面临的问题与财务管理的理论知识结合起来，学以致用。管理者还应当注意，在时间和精力有限的情况下，不用去学习复杂的记账方法，而是要从企业的重点业务内容和业务环节入手，带着问题去学习。例如，企业成本高企，就先学成本管控；企业应收坏账比例高，就先学赊销政策的制定。

（2）企业管理者应当主动推动财务创新和改革，以释放财务价值。一方面，财务价值的充分释放大多是要结合业务创新和改革同时进行的，或者需要业务部门的充分配合，仅靠财务部门是很难推动的。另一方面，目前财务人员大多属于"账房先生"类型，没有意愿也没有能力推动财务价值释放。只有依靠懂财务的企业管理者主动推动，甚至亲自规划、设计、部署、实施，才能真正实现财务价值释放。

【案例】

随着全球化及经济一体化的发展，甲集团在境内外设立了三十多家分支机构，日常沟通成本高，工作效率低下，人力成本居高不下。为适应公司的快速发展，提升集团财务的管控能力，财务部门通过服务转型，实现组织的扁平化和透明化，将基础记账、核算集中等具有共性的财务事项从各子公司分离出来统一管理，实现了集团范围内的一体化和标准化。同时，重新评估各业务流程实施效率及效果，对各环节的负荷与处理时间进行测试，提炼关键控制点，避免运作环节中出现短板。另外，对费用报销流程、应收应付流程、资金审批实施重点流程管控，建立前置审批、预算控制、标准控制、资金计划、内部控制风险评估全方位管控机制。通过上述改革，业财一体化建设初见成效，降低了日常沟通成本，提高了工作效率，降低了企业风险。

三、管理时代下财务人员思维升级

【必备知识】

管理会计框架体系及内容见表2-2。

表2-2　管理会计框架体系及内容

框架体系	具体内容
战略管理	战略地图、价值链管理
预算管理	零基预算、弹性预算、作业预算、滚动预算、全面预算
成本管理	目标成本法、标准成本法、变动成本法、作业成本法、生命周期成本法
营运管理	内部转移定价、多维度的盈利能力分析、本量利分析、敏感性分析、边际分析、杠杆管理
投融资管理	贴现现金流、项目管理、资产成本分析
绩效管理	绩效的棱柱模型、关键绩效指标（KPI）、经济增加值法（EVA）、平衡计分卡
风险管理	风险管理体系、风险矩阵、风险清单

（续表）

框架体系	具体内容
企业管理会计报告	包括但不限于： （1）按照企业管理会计报告使用者所处的管理层级可分为战略层管理会计报告、经营层管理会计报告和业务层管理会计报告 （2）按照企业管理会计报告内容可分为综合企业管理会计报告和专项企业管理会计报告 （3）按照管理会计功能可分为管理规划报告、管理决策报告、管理控制报告和管理评价报告 （4）按照责任中心可分为投资中心报告、利润中心报告和成本中心报告 （5）按照报告主体整体性程度可分为整体报告和分部报告
管理会计信息系统	适用于具备一定的信息系统应用基础、在此基础上建设管理会计信息系统的企业，以及新建企业信息系统并有意同时建设管理会计信息系统的企业

注：本表沿用了财政部制定的《管理会计基本指引》中的分类方法，实践中也有其他不同的分类方法。

【专家建议】

财务人员应当将"传统财务思维"升级到"现代财务思维"。传统财务思维将财务工作局限于报销支出审核、账务报表处理和纳税申报，侧重于常规事务性工作的处理，符合大众眼中的"账房先生"。现代财务思维是在传统财务思维基础上的升华，要求财务人员不能简单罗列数据，而要"跨界"学会换位思考，与股东同频、与企业管理者同频、与业务同频，利用财务专业知识和财务数据解决问题。在现代财务思维下，财务人员应当在纳税筹划、成本管控、全面预算、内部控制、财务分析等多个方面发挥作用，做好管理层的财务参谋和帮手。

【风险提示】

如今，企业竞争压力越来越大，倒逼企业向管理要效益。对于财务人员而言，传统的"账房先生"越来越不能满足企业的需求。对于财务思维无法升级的财务人员，低水平的竞争会更加激烈，职业前途堪忧。

【案例】

（1）甲公司财务主管从事传统财务工作多年，计划进行财务进阶，但因不知如何成为与企业适配的财务人感到迷茫。认识到管理型财务的重要性后，该财务主管从以前"低头"做账到"抬头"参与费用收入流程、主动参与并购项目，能力得到了较大提升。

（2）乙公司管理人员听完全面预算课程后，认识到全面预算的重要性，回公司后与总经理召开讨论会，利用全面预算工具对公司未来整体经营规划做了总体安排，得到了总经理的认可。

第三章

创业初期就要心存高远
——为进军资本市场做好准备

不少创业者都有一个资本市场梦，期待有一天自己的企业能够实现IPO，在资本市场拼搏激浪。千里之行，始于足下。有了高远的志向，创业者从创业初期就要开始做准备，学习资本市场的规矩，规划自己的企业，稳扎稳打步步登高。

一、资本市场并不神秘

（一）国内外资本市场知多少

【必备知识】

1. 什么是资本市场

资本市场又称长期资金市场，通常是指进行中长期（一年以上）资金借贷融通活动的市场。证券市场是股票、债券、投资基金等有价证券发行和交易的场所，是资本市场的主要部分和典型形态。实践中，大部分企业对于资本市场的理解主要是指证券市场，而通过 IPO 在证券市场发行股票则是众多企业的梦想。

2. 境内外主要资本市场

境内外主要资本市场见表 3-1。

表 3-1　境内外主要资本市场

按市场组织形式分类	根据上市规模、监管要求、投资者偏好、风险特征分类	境内	境外
场内市场	一板市场	主板：上海证券交易所 深圳证券交易所	美国纳斯达克市场、美国纽约证券交易所、英国伦敦证券交易所、日本东京证券交易所
	二板市场	创业板、中小板：深圳证券交易所	美国全国证券交易商协会自动报价系统（NASDAQ）、伦敦证券交易所另类投资市场（Alternative Investment Market，简称 AIM）、新加坡凯利板（Catalist）等
		科创板：上海证券交易所	

（续表）

按市场组织形式分类	根据上市规模、监管要求、投资者偏好、风险特征分类	境内	境外
场外市场	三板市场	新三板：全国中小企业股份转让系统北京证券交易所	高栏市场（OTCBB，即场外柜台交易系统，不上市只挂牌）
	四板市场	区域性股权交易中心，如北京股权交易中心	粉单市场（不受美国证券监管当局监管，无门槛）

【专家建议】

　　资本市场类别庞杂，功能和要求均有所区别，企业应当仔细甄别和判断，确定自身的目标。主板市场对发行人的营业期限、股本大小、盈利水平、最低市值等方面的要求标准较高，上市企业应为大型成熟企业，具有较大的资本规模及稳定的盈利能力。二板市场在我国主要是指深市当中的中小板和创业板，其定位是为具有高成长性的中小企业和高科技企业融资服务，上市的企业标准和上市条件相对较低。新三板旨在为处于初创期、盈利水平不高的中小企业提供资本市场服务，鼓励创新、创业型中小企业融资发展，上市难度相对较小，但流动性和融资规模也较小。

（二）进军资本市场对企业影响几何

【必备知识】

1. 上市对企业的主要影响

很多企业都希望能够登陆资本市场，但也有些企业符合上市条件却不愿意上市。上市对企业有利的一面包括开辟融资新渠道，低成本融资，获得市场强大的收购力，提升品牌、知名度、信用，增强企业凝聚力，提升原始股东价值等。上市对企业不利的一面包括削弱原股东控制权，上市前成本高，内外监管要求高，商业信息公开化，上市后股票公开买卖可能诱发恶意收购等。

2. 上市需要承担的成本

上市能给企业和股东带来巨大收益，但也要承担不小的成本，包括显性成本和隐性成本。显性成本包括企业支付的财务顾问费、保荐承销费、审计验资费、律师费、评估费、路演费、上市初费、上市年费等，受企业规模、管理基础、上市难度等多方面因素影响，价格会有很大差异。据统计，近年在中小板和创业板上市的企业，公开的上市费用平均已经超过了4 000万元。隐性成本包括补缴税金、补缴社保、管理合规、财经公关、商业机密外溢、个人隐私外溢、文件准备等，另外还有漫长等待过程中商业机会的错失。

【专家建议】

企业和股东既要看到上市带来的巨大收益，也要看到带来的不利影响和上市的重大风险。企业应立足自身，分析上市对本企业和股东的综合影响，考虑能否承担上市需要付出的高昂成本，以及上市不成功对企业带来的不利影响，从而判断是否要进军资本市场。

【风险提示】

那些规模较小、市场容量有限、融资需求不强烈、商业内容不宜公开、难以规模化发展等类型的企业，应慎重考虑将上市作为企业的目标。

【案例】

上市不可存在侥幸心理，慌不择路、蒙眼乱试不如提前做好准备。博拉网络于 2015 年挂牌新三板，很快就接受了 IPO 辅导，并于 2017 年 9 月正式摘牌转板。2017 年 10 月 25 日博拉网络上会，结果是暂缓表决；一个月后再上会，更是被无情否决。随着科创板的成立，这家企业又开启了冲刺科创板的步伐。企业可能认为核准制下上市难度大，想去注册制下碰碰运气。最终，在等待七个月后，该企业第三次被监管机构否决上市申请。

（三）实现上市梦的艰辛历程

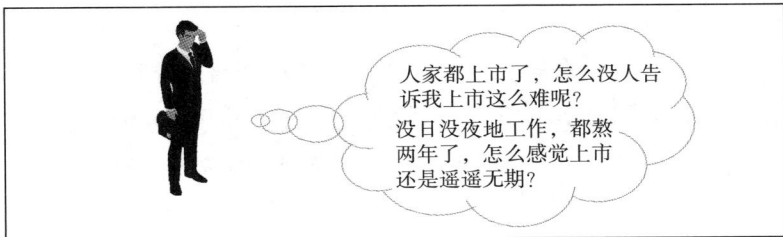

【必备知识】

1. 企业上市的主要条件

企业上市的条件很多，基本的资格条件并不高，具体见表 3-2。

表 3-2　企业上市的基本资格条件

项目		主板、中小板上市基本资格条件
发行人	主体资格	股份有限公司
时间	持续经营时间	三年以上
		有限责任公司按原账面净资产值折股整体变更为股份有限公司的，持续经营时间可以从有限责任公司成立之日起计算
资产	注册资本	缴足
		财产权转移手续已办理完毕
	主要资产	不存在重大权属纠纷
合规	经营合规	生产经营符合法律、行政法规和公司章程的规定，符合国家产业政策
变更	业务变更	近三年内主营业务没有发生重大变化
	人员变更	近三年内董事、高级管理人员没有发生重大变化
	实际控制人	近三年内实际控制人没有发生变更
股权	股权清晰	控股股东和受控股股东、实际控制人支配的股东持有的发行人股份不存在重大权属纠纷

相比于以上的基本资格条件，上市对企业财务条件的要求较高，如主板和中小板要求"最近三个会计年度净利润均为正数且累计超过人民币 3 000 万元，净利润以扣除非经常性损益

前后较低者为计算依据"。此外，上市对于企业的持续盈利能力也有很高的要求。

2. 企业上市的主要步骤

企业上市的主要步骤如图 3-1 所示。

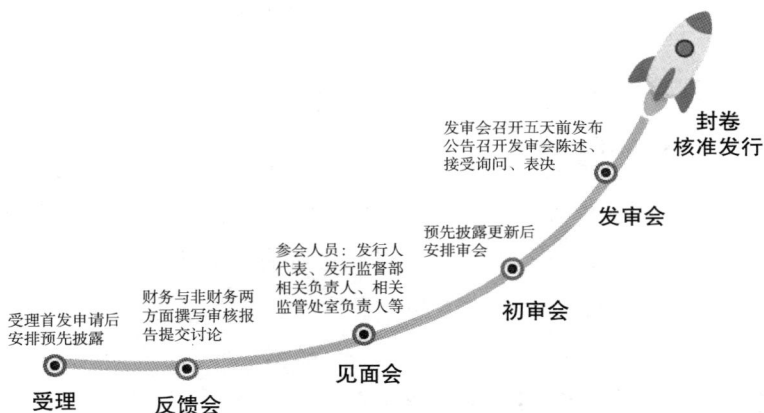

图 3-1 企业上市的主要步骤

【专家建议】

IPO 上市是一项重大工程，准备时间短则一年，长则三年以上。企业和股东如果有了上市的决心，就要提前做好以下各项准备工作。

（1）设立上市委员会及上市工作小组，具体包括选聘上市顾问、券商、律师、会计师、评估师等中介机构，以及任命董事会秘书。

（2）业绩筹划，具体包括强化主业剥离或弱化非主业，经营规模年增长率及每年剔除非经常损益后的税后净利要保持一定幅度的增长，不低于30%。

（3）财务会计准备，具体包括核算规范、税务合规。

（4）制度建设准备，具体包括组织体系、行政管理体系、人力资源管理体系、财务管理体系、市场营销管理体系、下属机构管理体系等。

（5）经营业务规范。

【风险提示】

企业上市涉及的专业机构较多，选择时要慎重。好的专业机构能够加快企业上市速度，提高上市成功概率；差的专业机构可能会让企业"赔了夫人又折兵"。

二、如何为 IPO 打好财务根基

（一）IPO 的财务条件

Wind 数据显示，2020 年共有 396 家企业首发上市，远超 2018 年的 105 家和 2019 年的 203 家，略少于 2017 年的 438 家。

然而，据金锋传媒统计，自 2020 年 12 月 1 日至 2021 年 3 月 16 日的三个半月中，有 104 家 IPO 公司撤回了申请材料，终止审核。

据大象研究院数据统计，2021 年以来，截至 2022 年 2 月 19 日，A 股 IPO 终止企业共计 41 家，其中创业板终止企业 26 家，科创板终止企业 11 家，主板终止企业 3 家；中小板终止企业 1 家。

【必备知识】

IPO 需要满足的财务条件见表 3-3。

表 3-3　IPO 需要满足的财务条件（主板、中小板）

内容	总体要求	细化要求
资产	质量良好	发行人资产质量良好，资产负债结构合理，盈利能力较强，现金流量正常
内部控制	有效	发行人的内部控制在所有重大方面是有效的，并由注册会计师出具了无保留结论的内部控制鉴证报告
会计基础	准则合规、审计报告	发行人会计基础工作规范，财务报表的编制符合企业会计准则和相关会计制度的规定，在所有重大方面公允地反映了发行人的财务状况、经营成果和现金流量，并由注册会计师出具了无保留意见的审计报告
财务报表	编报依据充分	发行人编制财务报表应以实际发生的交易或者事项为依据；在进行会计确认、计量和报告时应当保持应有的谨慎；对相同或者相似的经济业务，应选用一致的会计政策，不得随意变更
关联交易	披露完整	发行人应完整披露关联方关系并按重要性原则恰当披露关联交易。关联交易价格公允，不存在通过关联交易操纵利润的情形

（续表）

内容	总体要求	细化要求
财务指标	净利润	最近三个会计年度净利润均为正数且累计超过人民币 3 000 万元，净利润以扣除非经常性损益前后较低者为计算依据
	经营现金流量净额、收入	最近三个会计年度经营活动产生的现金流量净额累计超过人民币 5 000 万元；或者最近三个会计年度营业收入累计超过人民币 3 亿元
	股本	发行前股本总额不少于人民币 3 000 万元
	无形资产占净资产比例	最近一个会计年度期末无形资产（扣除土地使用权、水面养殖权和采矿权等后）占净资产的比例不高于20%
	尚未弥补亏损	最近一个会计年度期末不存在未弥补亏损
优惠政策	税收优惠依赖程度	发行人依法纳税，各项税收优惠符合相关法律法规的规定。发行人的经营成果对税收优惠不存在严重依赖
偿债风险		发行人不存在重大偿债风险，不存在影响持续经营的担保、诉讼及仲裁等重大或有事项

【专家建议】

财务条件中的收入、净利润、股本等财务指标有明确的金额要求，也是企业判断能否上市的关键指标。创业者有上市梦想的，在创业初期就可以根据这些指标确定企业的财务规划。此外，资产、内部控制、会计基础、财务报表等方面的合规性也是上市的实质性条件，企业应当在创业初期就予以重视，尽可能按照上市标准规范运作，降低上市前补救的物质成本和时间成本。

【风险提示】

（1）不少企业从创业开始财务基础就比较差，财务报表质量不高，反映出来的财务数据不够真实。在评估自身上市条件时，企业按照不真实的数据认为可以满足上市的基本财务条件，但经过会计师事务所审计后，发现收入、净利润等大幅降低，达不到上市要求，只能终止上市进程，白白付出了高额成本。

（2）企业 IPO 应当重视业绩的稳定性。以下情况都是常见的 IPO 失败原因：报告期业绩大幅下滑甚至亏损；项目异常且无法给予合理解释；无法及时更新申报材料导致财务资料过期三个月而自动终止；战略突然调整无法实现业务稳定、客户稳定、毛利率稳定。

（二）IPO 止步于这些财务问题

根据证券时报网的报道，2022 年上半年 A 股共有 260 家拟 IPO 企业上会，过会 228 家，过会率为 87.69%，较 2021 年同期的 89.75% 有所下降。从企业被否的原因来看，主要是财务真实性、内部控制有效性、持续盈利情况等存疑。

【必备知识】

常见的不满足财务条件的 IPO 失败原因见表 3-4。

表 3-4　常见的不满足财务条件的 IPO 失败原因

关注点	重点关注内容	典型失败原因
持续盈利能力	（1）收入的组织构成及增减变动 （2）毛利率的构成及各期增减 （3）利润来源的连续性和稳定性	（1）营业收入或净利润对关联方存在重大依赖 （2）盈利主要依赖税收优惠、政府补助等非经常性损益 （3）客户和供应商的集中度高 （4）对重大客户和供应商存在重大依赖性
收入	（1）企业的销售模式、渠道和收款方式 （2）销售合同的验收标准、付款条件、退货、后续服务及附加条款 （3）现金折扣、商业折扣、销售折让等政策 （4）销售的季节性，产品的销售区域和对象，企业的行业地位及竞争对手等 （5）企业的销售网络情况及主要经销商的资金实力等	（1）与收入相关的单据流、资金流、货物流不清晰 （2）收入反映不完整 （3）存在大量现金收入内部控制措施不完善 （4）折扣折让处理不正确 （5）各期收入波动趋势与行业淡旺季不一致 （6）收入的变动与行业发展趋势不一致 （7）营业收入与应收账款及销售商品、提供劳务收到的现金的增长关系不合理
成本费用	（1）成本核算方法是否规范，核算政策是否一致 （2）费用报销流程是否规范，相关管理制度是否健全 （3）票据取得是否合法，有无税务风险	对成本费用的结构和趋势的波动无合理解释

（续表）

关注点	重点关注内容	典型失败原因
税务	（1）执行的税种、税率是否合法合规 （2）纳税申报是否及时 （3）是否完整纳税 （4）纳税行为是否规范 （5）是否因纳税问题受到处罚	采用核定征收方式缴纳企业所得税
资产质量	（1）应收账款余额、账龄、增长 （2）存货余额、质量、周转率 （3）停工的在建工程、固定资产权证、固定资产质量 （4）无形资产产权、价格	（1）财务性投资资产占总资产比重过高，表明企业现金充裕，上市融资的必要性不足应收账款余额过大 （2）存货余额较高，周转率下降
现金流量	（1）经营活动现金流量与主营业务收入、净利润比较 （2）经营活动产生的现金流量净额负数 （3）投资、筹资活动现金流量与公司经营战略的关系	（1）报告期内经营活动现金流不稳定 （2）经营活动产生的现金流量净额过低 （3）现金流和业务的发展严重不匹配
重大财务风险	（1）是否存在重大偿债风险 （2）是否存在影响持续经营的担保、诉讼以及仲裁等重大或有事项 （3）是否存在为控股股东、实际控制人及其控制的其他企业进行违规担保的情形	控股股东在报告期内持续以向企业转让债权、代收销售款方式占用企业大量资金

（续表）

关注点	重点关注内容	典型失败原因
重大财务风险	（4）是否有资金被控股股东、实际控制人及其控制的其他企业以借款、代偿债务、代垫款项或者其他方式占用的情形	控股股东在报告期内持续以向企业转让债权、代收销售款方式占用企业大量资金
会计基础工作	（1）是否存在"两套账" （2）会计政策是否保持一贯性 （3）会计估计是否合理且未随意变更	
独立性与关联交易	（1）资产、人员、财务、机构业务是否"五独立" （2）关联交易是否呈下降趋势 （3）关联交易是否必要和公允	与关联公司在提供服务、租赁场地、提供业务咨询、借款与担保方面存在关联交易，业务独立性差
内部控制	是否按内部控制指引要求建立内部控制并严格执行	内部控制存在重大缺陷

【专家建议】

前事之鉴，后事之师。企业在为上市做准备的时候，除了学习证监会的政策，向上市成功的企业和有经验的咨询机构请教，还要分析 IPO 失败企业的教训，梳理"踩雷点"，避免重蹈覆辙。对于梳理出的与本企业相同或者相似的"踩雷点"，企业应当按规范要求整改，切不可存在侥幸心理，认为自己的情况特殊，把希望寄托在审查人员的"理解"上。

【风险提示】

成功的 IPO 需要满足的条件很多，但是只要有一个重大缺陷就会导致 IPO 失败，而财务问题向来是 IPO 失败的"重灾区"。

【案例】

恒安嘉新公司冲击科创板，经历了四轮问询的考验，并通过了上市委的审议，却在最后一个环节被证监会否决。证监会否决其上市的原因主要有两点：一是其在 2019 年对四个重大合同共计 1.59 亿元收入的确认时点进行调整，将其认定为特殊会计处理事项的理由不充分，证监会认为该行为存在会计基础薄弱、内部控制缺失的问题；二是未披露前期会计差错更正事项，未披露实际控制人股份转让与股份支付问题。

（三）财务部门在 IPO 中能做些什么

> 总经理："启动 IPO 后再来规范财务问题也不晚，请一位有 IPO 经验的财务总监就可以了。"
>
> 上市顾问："持续盈利能力、独立性、规范性运行、会计核算已然成为 IPO 被否的四大元凶。财务问题不可轻视，一旦发生可能将无法挽回，IPO 财务规范宜早不宜迟。"

【必备知识】

财务部门在 IPO 中的主要工作包括以下五项。

1. 优化企业财务状况

企业上市条件中包含多项指标，如企业的年营业额、毛利润额、净利润额、资产状况、资金状况及负债状况等，这些财务状况都要由财务整理的数据报告反映出来。整合的数据要有具体证据的支持，而不是做空账，做假账，做糊涂账。

2. 完善企业财务报表

企业上市前经会计师事务所审计的财务报表是企业是否具备上市资格的核心。在 IPO 前期，由财务团队配合审计的注册会计师理账、做改制前审计，对相关数据进行准确及时的记录与反馈，满足审计要求。

3. 建立和完善内部控制

财务部门作为牵头部门完成企业组织的变革及业务转型，并结合市场需求、经营要求与财务管理工作目标，对内部控制制度不断完善，改进内部控制方式，确保内部控制制度的有效性，满足 IPO 要求。

4. 建立良好的财务体系

企业财务体系的建立主要包括四个方面：财务战略确定、财务部门组建、财务核算体系搭建、财务管控体系搭建。对于正在进行 IPO 流程的企业来说，核算体系与管控体系的搭建至关重要。

5. 配合专业机构并提供数据信息

配合券商、会计师事务所、评估机构、律师等机构的工作，提供相关数据信息和资料。

【专家建议】

对于不同企业而言，财务部门的职责分工不同，在企业 IPO 过程中的工作任务也有较大差异，但无一例外的是财务机构和人员的工作绝不会轻松。企业在上市准备中要充分考虑现有的财务工作基础和财务团队力量，在财务力量不足的情况下招聘有 IPO 经验的财务人员，或者聘请专业的外部咨询机构。

【风险提示】

企业在准备 IPO 的过程中，不可避免地会出现各种需要整改和规范的问题，有些问题的整改可能需要很高的成本。企业要把问题整改和弄虚作假区分开来，不能为了上市而进行财务造假，否则可能受到严厉惩罚。

【案例】

富士康工业互联网股份有限公司（以下简称"富士康公司"）2018 年 2 月 1 日向证监会申报 IPO 材料，报告期截至 2017 年 12 月 31 日。这意味着，在 1 月份，富士康公司要结出上年度的账，要做出大大小小 60 多家境内和境外控股公司的合并报表，要写出报表附注。会计师事务所还要进行审计并出具审计报告，评估公司要做出评估报告，律师要做出法律意见书，券商做出招股说明书。这些工作面对的是富士康公司高达 1 485 亿元的总资产和高达 3 500 亿元的总收入。面对以上巨量的工作，企业财务部门在短短一个月内按照 IPO 标准全部做好，速度快，效率高！证监会在富士康公司申报材料 36 天后的 3 月 8 日，核准了富士康公司上市。

三、引入财务投资人要防陷阱

（一）引入财务投资人不能操之过急

> 总经理："公司最近资金紧张，听说有 VC、PE 之类的投资人，是不是可以找找，给我们投点钱进来？"
>
> 财务总监："我有几个朋友就是做这个的，我可以联系一下。但是，他们可不是银行，钱不是单纯借给我们的，而是要拿股份的。"
>
> 总经理："这个……我再考虑考虑。"

【必备知识】

来者不都是客，企业需要找准真正适合企业的投资人。表 3-5 是战略投资人的特点对比，供企业参考。

表 3-5 战略投资人和财务投资人的特点对比

战略投资人	财务投资人
战略投资者是指具有资金、技术、管理、市场、人才方面的优势，能够促进产业结构升级，增强企业核心竞争力和创新能力，拓展企业产品的市场占有率，致力于长期投资合作，谋求获得长期利益回报和企业可持续发展的境内外大企业、大集团	财务投资者是指通过战略投资取得经济上的回报，在适当的时候进行套现的投资者

（续表）

战略投资人	财务投资人
属于同一行业或相近产业，或处于同一产业链的不同环节，能获得技术、产品、上下游业务或其他方面的互补，以提高公司的赢利和增长能力	财务投资者以风险投资基金、私募基金、投资银行为主，一般不派驻董事，不直接参与企业的经营和管理，仅仅提供资金上的支持
偏好：产业扩张	偏好：资本回报，看中短期利益

可见，财务投资人是以获利为目的，通过投资行为取得经济上的回报，在适当的时候进行套现的投资者。其实，作为财务投资者不应仅仅关注净利润率，更应该注重净资产收益率（ROE），ROE体现企业为股东创造价值的能力。ROE也是巴菲特最推崇的财务指标。企业处于不同阶段投资者的关注重点亦不相同，具体见表3-6。

表3-6　处于不同阶段的企业的投资重点

融资进程		资金来源	投资重点
早期融资	种子轮	个人资金、家庭资助、朋友借款、自然科学基金、创客平台	无团队 注意：企业在起步阶段缺乏资金，以想法赢得前期启动资金
	天使轮	天使投资个人出资协助具有专门技术或独特概念但缺少自有资金的创业家进行创业	（1）有团队 （2）准备"创业计划书"，并能给出10～20倍回报或在5年内提供5倍回报的亮点，吸引天使投资 注意：小额投资（一般为200万～500万元）足以运转并逐步将其规模做大，投资人对投资回报的期望较高，在18个月内需要证明业务规模增长了10倍

（续表）

融资进程		资金来源	投资重点
早期融资	A轮融资 Pre-A（1轮）		（1）基于对产品模式的验证，企业开始运营之后的第一次对外融资 （2）融资额一般在1 000万~3 000万元 注意：需具备成熟的商业模型和缜密的商业计划，并注意潜在资源
中期融资	B轮	风险投资机构（VC）	产品投放市场后可获得可观收益，谋求扩大收入 融资目的：用于运营和推广
	C轮		企业拓展新业务为上市做准备 快速地拉用户
	D轮	属于C轮的升级版	企业达到上市标准之前一直需要资金来不断完善商业模式，以保证持续盈利，最终达到上市的目的
	E轮		
	F轮		
后期融资	IPO首次公开募集	私募股权投资（PE）	（1）大部分企业此时都已经开始盈利了，而且通常在市场上名列前茅，或者是细分行业的领导者 （2）IPO私募退出方式

【专家建议】

企业在初创阶段，产品、商业模式、市场等方面可能不够完善，取得的收入无法覆盖持续不断的资金投入，这会给创始团队带来很大的压力。这种情况下，引入不参与企业经营的财务投资人显然是一种比较好的融资方式。企业在考虑引入财务投资人时，要对本企业所处发展阶段和业务亮点有明确清晰的认识，以便寻找合适的财务投资人，并取得财务投资人的青昧。企业所处的发展阶段越早，所得到的融资额越小。企业引入财务投资人不能操之过急，需要在逐步成长的过程中不断引入新的财务投资人，让融资为企业腾飞提供充足的"燃料"。

【风险提示】

企业在取得财务投资人的投资时，必然要对创始团队的股权进行稀释。创始团队要考虑股权稀释风险，在种子轮或天使轮投资中避免释放过多的股权，股权稀释比例一般控制在15% ~ 25%。

【案例】

艾媒数据中心数据显示，2021 年 10—11 月国内本地生活行业融资中，轮次主要集中在泛 A 轮（Pre-A 轮、A 轮、A+ 轮、A++ 轮），共计 13 起投融资，占总量的 50%，金额为人民币 7.36 亿元；泛天使轮（天使轮、天使＋轮）以 5 起投融资事件紧随其后，占比 19.23%，金额为人民币 1.35 亿元。

（二）"对赌协议"可能真是一场豪赌

千里之堤，毁于蚁穴

2008 年，牛根生"万言书"事件将资本对赌搬到了大众台前。同年，为冲击上市，张兰对赌融资最终导致其被排挤出俏江南。高风险协议瞬间让多年心血毁于一旦。真

> 格基金创始合伙人王强呼吁："一个创业者，尤其是起步时期的创业者，千万不要签署对赌协议。除非，你不热爱你所创立的事业。对赌就是泡沫，就意味着你眼下已有的资源无法达到的目标，而你将被迫必须达到。"

【必备知识】

1. 什么是对赌协议

对赌协议实际上就是期权的一种形式。对赌协议又称估值调整协议，是指投资方与融资方在达成股权性融资协议时，为解决交易双方对目标公司未来发展的不确定性、信息不对称，以及代理成本而设计的包含了股权回购、金钱补偿等对未来目标公司的估值进行调整的协议。

2. 对赌协议对公司实际控制人的影响

对赌协议包括股权对赌型、现金补偿型、股权稀释型、股权回购型、股权激励型和股权优先型。其中，股权对赌型是最常见的对赌协议。这类对赌协议通常约定：当公司未能实现对赌协议规定的业绩标准时，公司实际控制人将以无偿或者象征性的价格将一部分股权转让给私募股权投资机构；反之，则将由私募股权投资机构以无偿或者象征性的价格将一部分股权转让给公司的实际控制人。对公司实际控制人来说，赌赢了相当于股权卖了个"好价钱"，赌输了则会"股权贱卖"，甚至可能失去对公司的控制权。

【专家建议】

对赌协议是 PE、VC 投资的潜规则。对赌协议双方中，公司与实际控制人一方往往急需资金，处于相对弱势的地位，只能签订"不平等条约"。公司和实际控制人在签订对赌协议时，要仔细甄别业绩补偿承诺和上市时间约定等协议中的关键条款，认真权衡利弊，考虑"赌输"的后果。

【案例】

2000 年，拥有 10 年餐饮经验与资金积累的张兰，在北京国贸开办了第一家俏江南餐厅，从此迎来了属于她和俏江南的一个时代。10 年间，俏江南通过不断创新的菜品和高端餐饮的定位，在中国餐饮市场上赢得了一席之地。

2008 年 9 月 30 日，俏江南与鼎晖创投签署增资协议，鼎晖创投注资约合人民币 2 亿元，占有俏江南 10.526% 的股权。而俏江南与鼎晖创投签署的投资条款也有所谓的"对赌协议"：如果非鼎晖方面原因，造成俏江南无法在 2012 年年底上市，则鼎晖创投有权以回购方式退出俏江南。截至 2012 年年底，俏江南仍未能上市。2014 年 4 月，欧洲私募股权基金 CVC 宣布正式入主俏江南，成为最大股东。而张兰已于 2013 年年底辞去了俏江南相关公司的董事和法人等职务，最终失去俏江南的控制权。

（三）如何应对资本市场的财务尽调

【必备知识】

1. 投资者为什么要做尽职调查

投资者在与企业初步达成投资意向后，经协商一致，需要对企业的历史数据文档、管理人员的背景、市场风险、管理风险、技术风险和资金风险做全面深入的审核。企业上市时，投资者也需要事先进行尽职调查，以初步了解企业是否具备上市的条件。尽职调查在财务方面主要回答以下几个问题：财务数据是否真实；定价的基准数据是否客观；未来盈利预测可实现性有多大；有没有财务方面的重大风险。

投资者的投资流程如图 3-2 所示。

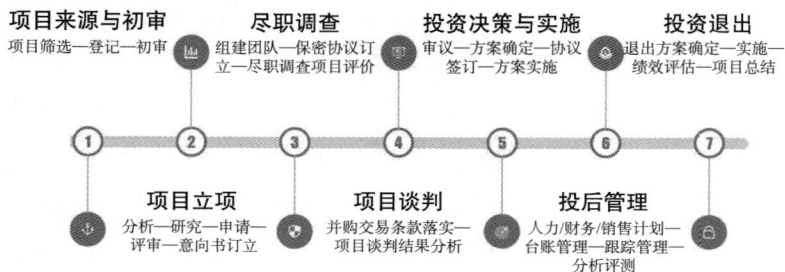

图 3-2　投资者的投资流程

2. 财务尽职调查与报表审计的区别

财务尽职调查与报表审计的区别如图 3-3 所示。

财务尽职调查
关注重点：未来经营影响
工作内容：根据客户需要确定
角色定位：买方财务顾问
审查方法：灵活

审计
关注重点：当期财务价值
工作内容：根据审计准则确定
角色定位：独立
审查方法：传统

图 3-3 财务尽职调查与报表审计的区别

3.商业计划书及融资档案准备

商业计划书的具体内容见表 3-7。

表 3-7 商业计划书的具体内容

项目	具体内容
产品性能	（1）性能指标 （2）实验数据 （3）试验结论
商业模式＋盈利模式	关键业务、难以被模仿、低风险、持续增长的市场、产品独有性客户愿意买单、细分区域、技术、团队、设计成本结构低、有计划获得盈利
品牌特色	（1）量化标准、等级、评分 （2）著名商标的产品质量要达到双优，公司质量、环境、安全管理达到国际标准，通过国家权威机构认证认可
企业优势	（1）SWOT 分析 （2）优势、劣势、机会、威胁 （3）重要伙伴 （4）核心资源

投资者可以利用数据验证被投资企业的价值，见表 3-8。

表 3-8　利用数据验证企业价值

财务预测指标	1	2	3	4	5
投资回报预测					
净资产回报率（ROE）					
投入资本回报率（ROIC）					
总资产回报率（ROA）					
企业营利性预测					
净利润及增长率					
扣除非经常性损益后的净利润及增长率					
总资产周转率					
杠杆比例					
经营现金流增长率					
企业成长性预测					
投入回报率					
ROE 增长率					
产品效益增长预测					
关键产品收入增长率					
关键产品营业总成本费用增长率					
产品毛利增长率					
……					

【专家建议】

投资人对企业进行尽职调查是很严格的，尽职调查的结果会直接影响到投资人的态度，企业必须重视。企业要提前做好准备，指派熟悉企业情况、沟通协调能力强的人对接尽职调查人员，并协调企业内部部门和人员，安排接受访谈和提供资料等诸多事项。对于需要提供的资料，企业最好提前分工，召开多部门会议统一安排，资料收集审核后统一提交，避免出现资料不完整和不同部门提供的资料相互矛盾的情况。接受访谈的人员应当非常熟悉相关业务，最好能够几个人一起参加，以便相互补充。对于企业的重要事项和机密信息，企业要提前对相关人员提出要求，统一口径，防止泄密或者对外提供相互矛盾的信息。

第二部分

严监管时代下企业涉税风险管控与筹划

导读

　　纳税是企业经营必须面对的重要事项。随着"金税四期"的实施，国家税收进入严监管时代。面对日趋严格的监管环境和纷繁复杂的税务要求，如何管控涉税风险成为企业的重要课题。同时，企业在依法纳税的前提下进行合理的纳税筹划，可以有效降低企业税负，这也是很多企业在不断寻求的"经营之道"。本部分对企业面临的税收环境进行了分析，并对最基本的纳税要求和纳税筹划方法进行了介绍。

第四章

税收严监管时代来临
——把握新形势下的纳税之道

　　金税四期的实施，标志着我国税收进入了"以数治税"的严监管时代。一些偷逃税方法在金税四期的强大分析能力下已经"无所遁形"。与此同时，国家不断推出针对不同行业、不同企业规模、不同领域的各种税收优惠政策。企业必须紧跟新形势，不断学习新政策，更好地处理税务事项，防范税务风险。

一、税收严监管下更要重视依法纳税

（一）步步升级的大数据监管让偷逃税无所遁形

财务智慧：从创业到上市的财税合规与经营决策指南

【必备知识】

1. 金税工程

金税工程是国家"十二金"工程之一，是整个税收管理信息系统工程的总称。从 1994 年起至今，金税工程先后经历了四期，如图 4-1 所示。

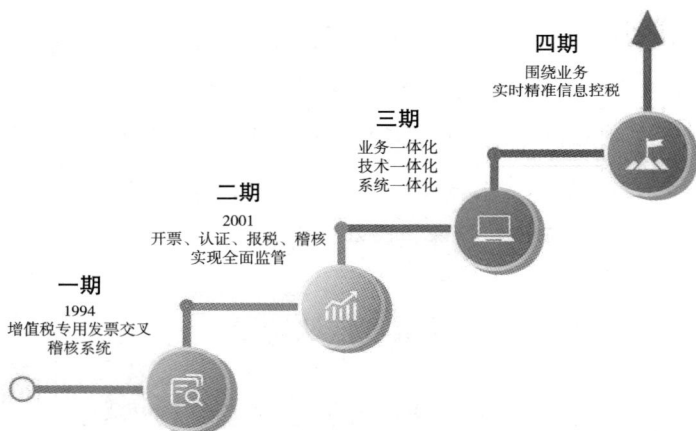

四期
围绕业务
实时精准信息控税

三期
业务一体化
技术一体化
系统一体化

二期
2001
开票、认证、报税、稽核
实现全面监管

一期
1994
增值税专用发票交叉
稽核系统

图 4-1　金税工程的发展历程

2. 从金税三期到金税四期，严监管时代来临

金税三期与金税四期的区别见表 4-1。

表 4-1　金税三期与金税四期的区别

	金税三期	金税四期
覆盖范围	覆盖所有税种、所有业务流程的监管	"非税"业务也被纳入其中，实现税费全数据、全业务、全流程、全智能的监管

（续表）

	金税三期	金税四期
总体目标	一个平台、二级处理、三个覆盖、四类系统	"非税"业务全监控、信息共享、信息核查、"云化"打通
数据联通	运用大数据评估及云计算，通过互联网把工商局、公安局、税务局、社保局、质监局、国家统计局、银行等行政管理部门全部打通，行政监管一号连控，使税收征管从凭个人经验管理向依靠大数据分析转变	金税四期＝金税三期的一个平台、二级处理、四类系统＋非税业务（涉税业务全面监控）＋信息共享（打通国家各部委、人民银行、各商业银行等通道实现信息共享）＋信息核查（企业相关人员手机号、登记注册信息、纳税状态）＋高端云化打通（税费全数据、全业务、全流程、全智能监控）
标志	税收"强制规范"时代来临	"以数治税"严监管时代来临
重点监察	收入、成本、利润、库存、银行账户和应纳税额异常监管	通过全网电子底账可以实现事后监管，利用信息化手段，建立风险评价指标体系，进行企业税收风险识别，确定涉税风险较大的具体涉税事项，税务局可以随时翻查企业信息

【专家建议】

金税四期的实施，意味着"以数治税"的严监管时代来临。虚假开户、空壳企业、少交社保个税、库存账实不符、虚开发票、收入成本严重不匹配、申报异常、税负率异常、常年亏损等诸多偷逃税行为或迹象在金税四期强大的大数据分析功能下"无所遁形"。企业要严格按照税法规定规范税务管理、依法纳税，切勿心存侥幸！

【案例】

湖北省税务部门联合公安部门创新运用增值税发票风险管理防控大平台，采取"定位＋引导""预警＋共享""税务＋公安"的链条式打击模式，成功破获"12.01"跨省虚开增值税发票大案，铲除 3 个以虚开普通发票为主的犯罪团伙，已查明涉嫌虚开金额 50.38 亿元，其中虚开普通发票 45.12 亿元，仅湖北武汉地区已查补税额 1 823 万元。

（二）税收政策的完善让"擦边球"不再好用

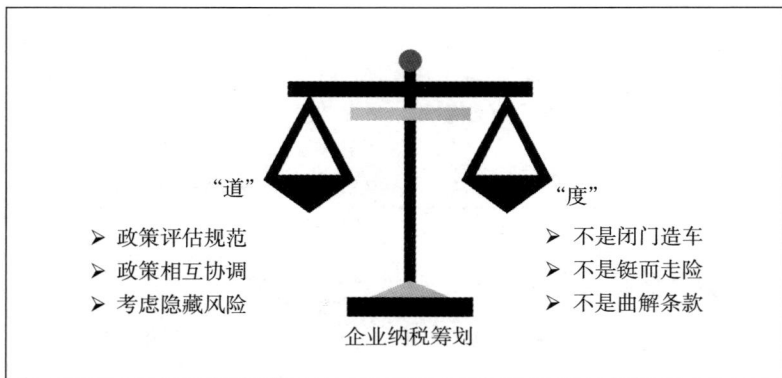

"道"
- 政策评估规范
- 政策相互协调
- 考虑隐藏风险

"度"
- 不是闭门造车
- 不是铤而走险
- 不是曲解条款

企业纳税筹划

【必备知识】

1. "税收洼地"不再好用

税收洼地是指在特定的行政区域，在其税务管理辖区注册的企业通过区域性税收优惠、简化税收征管办法和税收地方留成返还等处理方法，实现降低企业税负的目标。

中办、国办 2022 年印发的《关于进一步深化税收征管改革的意见》明确提出，对隐瞒收入、虚列成本、转移利润以及利用"税收洼地""阴阳合同"和关联交易等逃避税行为，加强预防性制度建设，加大依法防控和监督检查力度。国家税务总局也要求各地税务部门重点查处利用"税收洼地"进行恶意税收筹划的行为。

2. 税收优惠与政府补助的区别

税收优惠与政府补助的区别见表 4-2。

表 4-2 税收优惠与政府补助的区别

	税收优惠	政府补助
1	税收优惠是指国家运用税收政策在税收法律、行政法规中规定对某一部分特定企业和课税对象给予减轻或免除税收负担的一种措施	政府补助是指企业从政府无偿取得货币性资产或非货币性资产，但不包括政府作为企业所有者投入的资本
2	企业所得税的税收优惠包括免税、减税、加计扣除、加速折旧、减计收入、税额抵免等。增值税的税收优惠包括免征、减征、即征即退、先征后返、先征后退等	常见的政府补助包括财政拨款、财政贴息、税收返还、无偿划拨非货币性资产
3	税收优惠≠不征税收入	政府补助≠不征税收入

（续表）

	税收优惠	政府补助
4	不征税收入不属于税收优惠；免税收入属于税收优惠 根据《中华人民共和国企业所得税法》 第七条，收入总额中的下列收入为不征税收入： （一）财政拨款 （二）依法收取并纳入财政管理的行政事业性收费、政府性基金 （三）国务院规定的其他不征税收入	不以营利为目的的收入，一般不作为应税收入的主体。《关于专项用途财政资金企业所得税处理问题的通知》中规定，企业从县级以上各级人民政府财政部门及其他部门取得的应计入收入总额的财政性资金，凡同时符合以下条件的，可以作为不征税收入，在计算应纳税所得额时从收入总额中减除： （一）企业能够提供规定资金专项用途的资金拨付文件 （二）财政部门或其他拨付资金的政府部门对该资金有专门的资金管理办法或具体管理要求 （三）企业对该资金以及以该资金发生的支出单独进行核算 根据《中华人民共和国所得税法实施条例》第二十八条的规定，上述不征税收入用于支出所形成的费用，不得在计算应纳税所得额时扣除；用于支出所形成的资产，其计算的折旧、摊销不得在计算应纳税所得额时扣除

【专家建议】

目前，国家给予企业的税收扶持政策"含金量"较高，但企业要顺利享受这些优惠政策，必须认真学习税收法律法规的相关规定，弄清楚享受优惠的前提条件。企业在判断自身业务是否符合税收优惠政策性时，既要对照具体的税收规定条款，也要考虑是否符合税法精神，必要时还需咨询专业人士，切莫生搬硬套，为了少交税而曲解税收优惠政策。

【风险提示】

企业在利用地方增值税、企业所得税奖励政策，或者利用个人所得税核定征收的政策时，一定要保证业务真实存在并有充足的证据链，以避免被认定为"恶意税收筹划"。注册"空壳公司"、签订"阴阳合同"等方式坚决不能使用。

【案例】

利用"空壳公司"骗税被处罚

江西省湖口县人民检察院公布了一则不起诉决定书（湖检一部刑不诉〔2021〕Z37号），它显示薛某乙、薛某丁及薛某丙为了利用湖口县招商引资税收返还政策，骗取国家税款，在湖口县注册成立大量空壳第三方运输公司。在没有真实交易的情况下，第三方运输公司与薛某乙等人控制的贸易公司（由他人在湖口县注册），对外大量开具增值税专用发票，并收取一定的开票费用。为获取进项税额，薛某乙等人大肆购买轻质循环油等的增值税专用发票，最终利用返还政策共获得湖口县税收返还资金56 483 267.64元。

（三）涉税责任必须明确

【必备知识】

企业涉税责任见表 4-3。

表 4-3   企业涉税责任一览表

类型	情形	处罚
税务登记	纳税人未按照规定办理税务登记证件验证或者换证手续的	由税务机关责令限期改正，可以处两千元以下的罚款；情节严重的，处两千元以上一万元以下的罚款
	纳税人未按照规定使用税务登记证件，或者转借、涂改、损毁、买卖、伪造税务登记证件的	处两千元以上一万元以下的罚款；情节严重的，处一万元以上五万元以下的罚款
	未按照规定办理税务登记从事生产、经营的纳税人以及临时从事经营的纳税人	由税务机关核定其应纳税额，责令缴纳；不缴纳的，税务机关可以扣押其价值相当于应纳税款的商品、货物

（续表）

类型	情形	处罚
财务账簿	未按照规定设置、保管账簿或者保管记账凭证和有关资料的	由税务机关责令限期改正，可以处两千元以下的罚款；情节严重的，处两千元以上一万元以下的罚款
纳税申报	未按照规定的期限申报办理税务登记、变更或者注销登记的	
	未按照规定安装、使用税控装置，或者损毁、擅自改动税控装置的	
	未按照规定将财务、会计制度或者财务、会计处理办法和会计核算软件报送税务机关备查的	
	未按照规定将其全部银行账号向税务机关报告的	
	纳税人未按照规定的期限办理纳税申报和报送纳税资料的，或者扣缴义务人未按照规定的期限向税务机关报送代扣代缴、代收代缴税款报告表和有关资料的	
	扣缴义务人未按照规定设置、保管代扣代缴、代收代缴税款账簿或者保管代扣代缴、代收代缴税款记账凭证及有关资料的	由税务机关责令限期改正，可以处二千元以下的罚款；情节严重的，处二千元以上五千元以下的罚款

（续表）

类型	情形	处罚
偷税	纳税人伪造、变造、隐匿、擅自销毁账簿、记账凭证，在账簿上多列支出或者不列、少列收入，经税务机关通知申报而拒不申报或者进行虚假的纳税申报，不缴或者少缴应纳税款的，是偷税	由税务机关追缴其不缴或者少缴的税款、滞纳金，并处不缴或者少缴的税款百分之五十以上五倍以下的罚款；构成犯罪的，依法追究刑事责任。扣缴义务人采取左侧表格中所列手段，不缴或者少缴已扣、已收税款，由税务机关追缴其不缴或者少缴的税款、滞纳金，并处不缴或者少缴的税款百分之五十以上五倍以下的罚款；构成犯罪的，依法追究刑事责任
	纳税人、扣缴义务人编造虚假计税依据的	由税务机关责令限期改正，并处五万元以下的罚款。纳税人不进行纳税申报，不缴或者少缴应纳税款的，由税务机关追缴其不缴或者少缴的税款、滞纳金，并处不缴或者少缴的税款百分之五十以上五倍以下的罚款
欠税	纳税人欠缴应纳税款，采取转移或者隐匿财产的手段，妨碍税务机关追缴欠缴的税款的	由税务机关追缴欠缴的税款、滞纳金，并处欠缴税款百分之五十以上五倍以下的罚款；构成犯罪的，依法追究刑事责任
骗税	以假报出口或者其他欺骗手段，骗取国家出口退税款的	由税务机关追缴其骗取的退税款，并处骗取税款一倍以上五倍以下的罚款；构成犯罪的，依法追究刑事责任

（续表）

类型	情形	处罚
抗税	以暴力、威胁方法拒不缴纳税款的，是抗税	除由税务机关追缴其拒缴的税款、滞纳金外，依法追究刑事责任。情节轻微，未构成犯罪的，由税务机关追缴其拒缴的税款、滞纳金，并处拒缴税款一倍以上五倍以下的罚款
不缴、少缴税款	纳税人、扣缴义务人在规定期限内不缴或者少缴应纳、应解缴的税款	经税务机关责令限期缴纳，逾期仍未缴纳的，税务机关除依照规定采取强制执行措施追缴其不缴或者少缴的税款外，可以处不缴或者少缴的税款百分之五十以上五倍以下的罚款
应扣未扣、应收不收税款	扣缴义务人应扣未扣、应收而不收税款的	由税务机关向纳税人追缴税款，对扣缴义务人处应扣未扣、应收未收税款百分之五十以上三倍以下的罚款
阻挠执法	纳税人、扣缴义务人逃避、拒绝或者以其他方式阻挠税务机关检查的	由税务机关责令改正，可以处一万元以下的罚款；情节严重的，处一万元以上五万元以下的罚款
银行账户	纳税人、扣缴义务人的开户银行或者其他金融机构拒绝接受税务机关依法检查纳税人、扣缴义务人存款账户，或者拒绝执行税务机关作出的冻结存款或者扣缴税款的决定，或者在接到税务机关的书面通知后帮助纳税人、扣缴义务人转移存款，造成税款流失的	由税务机关处十万元以上五十万元以下的罚款，对直接负责的主管人员和其他直接责任人员处一千元以上一万元以下的罚款

类型	情形	处罚
发票	非法印制发票的	由税务机关销毁非法印制的发票，没收违法所得和作案工具，并处一万元以上五万元以下的罚款；构成犯罪的，依法追究刑事责任
	私自印制、伪造、变造发票，非法制造发票防伪专用品，伪造发票监制章的	由税务机关没收违法所得，没收、销毁作案工具和非法物品，并处一万元以上五万元以下的罚款；情节严重的，并处五万元以上五十万元以下的罚款；构成犯罪的，依法追究刑事责任
	从事生产、经营的纳税人或扣缴义务人有税收违法行为，拒不接受税务机关处理的	税务机关可以收缴其发票或者停止向其发售发票
	应当开具而未开具发票，或者未按照规定的时限、顺序、栏目，全部联次一次性开具发票，或者未加盖发票专用章的	由税务机关责令改正，可以处一万元以下的罚款；有违法所得的予以没收
	使用税控装置开具发票，未按期向主管税务机关报送开具发票的数据的	
	使用非税控电子器具开具发票，未将非税控电子器具使用的软件程序说明资料报主管税务机关备案，或者未按照规定保存、报送开具发票的数据的	

（续表）

类型	情形	处罚
发票	拆本使用发票的	由税务机关责令改正，可以处一万元以下的罚款；有违法所得的予以没收
	扩大发票使用范围的	
	以其他凭证代替发票使用的	
	跨规定区域开具发票的	
	未按照规定缴销发票的	
	未按照规定存放和保管发票的	
	跨规定的使用区域携带、邮寄、运输空白发票，以及携带、邮寄或者运输空白发票出入境的	由税务机关责令改正，可以处一万元以下的罚款；情节严重的，处一万元以上三万元以下的罚款；有违法所得的予以没收。丢失发票或者擅自损毁发票的，依照前款规定处罚
	虚开发票行为： （1）为他人、为自己开具与实际经营业务情况不符的发票 （2）让他人为自己开具与实际经营业务情况不符的发票 （3）介绍他人开具与实际经营业务情况不符的发票	由税务机关没收违法所得；虚开金额在一万元以下的，可以并处五万元以下的罚款；虚开金额超过一万元的，并处五万元以上五十万元以下的罚款；构成犯罪的，依法追究刑事责任。非法代开发票的，依照前款规定处罚

【专家建议】

税收是国家财政最主要的收入形式和来源，其本质是国家为满足社会公共需要，强制取得财政收入所形成的一种特殊分配关系。企业必须遵守国家的税收法令，按照税法规定依法纳税，否则就要受到法律制裁。企业要深刻认识到税收违法带来的严重后果，坚决守住依法纳税的底线。

【案例】

利用"阴阳合同"逃税被判刑

安徽省淮南市税务稽查部门根据举报线索，查实安徽某药业公司股东鲍某与殷某签订股权转让协议，将其实际持有的该药业公司 51.09% 的股权转让给殷某，实际转让价格为 7 000 万元。后鲍某为偷逃相关税款另行伪造股权转让协议进行纳税申报，少缴税款合计 1 175.48 万元。淮南市税务稽查部门依法作出对鲍某追缴税款、加收滞纳金并处罚款的处理处罚决定后，鲍某未按期补缴税款、滞纳金和罚款。税务部门随即依法将该案移送公安机关立案侦查，后鲍某被检察院提起公诉。2021 年 3 月，安徽省某区人民法院判决认定，鲍某将其持有的某公司股权转让他人后采取欺骗、隐瞒手段进行虚假纳税申报，且涉及金额巨大，其行为已构成逃税罪，依法判处鲍某有期徒刑四年，并处罚金人民币 50 万元。

二、税收严监管下的纳税筹划

（一）接连不断的"减税降费"下，如何做好纳税筹划

【必备知识】

近年来，国家逐步加大了减税降费的力度，每年都要出台诸多措施。仅在 2022 年，国家就出台了加大制造业等行业增值税期末留抵退税力度、加大小微企业增值税期末留抵退税力度、公共交通运输服务免征增值税、三岁以下婴幼儿照护专项附加扣除、阶段性免征小规模纳税人增值税、提高科技型中小企业研发费用加计扣除比例、加大小型微利企业所得税优惠力度等多项减税政策。2022 年上半年，国家税务总局在政策落实推进过程中，根据政策要求迅速准备、紧密排期，把握节奏、科学统筹，按照既定时间表、路线图有序推进实施，迅速落地兑现。调查结果显示，超过 98% 的符合条件的企业已享受税费优惠政策。

【专家建议】

国家根据不同时期的社会经济情况，会针对不同行业、不同主体、不同区域出台不同的"减税降费"政策措施，这些政策有些是长期的，但更多是定期的。企业应当随时关注国家发布的"减税降费"政策，加强与税务部门和专业机构的沟通，适时合理筹划业务，充分利用税收优惠政策来降低税负。

【风险提示】

以下这些铤而走险的非法筹划行为不可取：虚开虚抵发票，设立账外账户，隐匿收入，私设社保"潜规则"少缴个税与社保，大肆搞促销以降低毛利，虚构退货业务、跨年销售退回，虚构服务费、咨询费、技术费、广告费等。

（二）企业纳税信用可以转换成"真金白银"

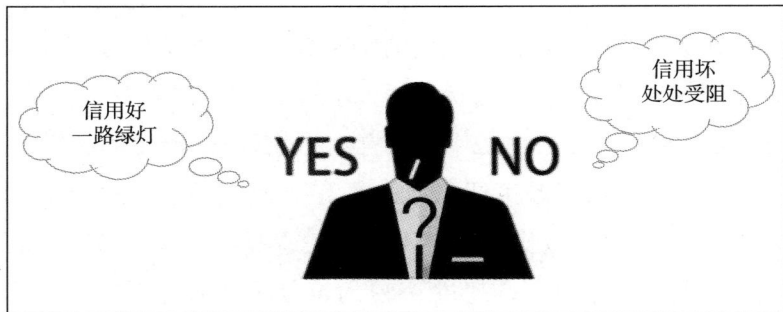

【必备知识】

1.纳税信用等级的作用

纳税信用等级是税务机关根据纳税人履行纳税义务的情况，就纳税人在一定周期内的纳税信用所评定的级别。纳税信用等级较高的纳税人，税务机关在涉税事项办理上会提供很多便利。纳税信用等级较低的纳税人，则会被税务机关列为重点关注对象。在一些银行，纳税信用等级较高的企业可以使用方便的贷款产品。

2. 纳税信用等级设定与激励（监控）政策

纳税信用等级设定与激励（监控）政策见表 4-4。

表 4-4　纳税信用等级设定与激励（监控）政策

级别	年度评价指标得分	享受激励（监控）
A	90 分以上	（1）主动向社会公告年度 A 级纳税人名单 （2）一般纳税人可单次领取三个月的增值税发票用量，需要调整增值税发票用量时即时办理 （3）普通发票按需领用 （4）连续三年被评为 A 级信用级别的纳税人，除享受以上措施外，还可以由税务机关提供绿色通道或专门人员帮助办理涉税事项 （5）税务机关与相关部门实施的联合激励措施，以及结合当地实际情况采取的其他激励措施
B	70 分以上不满 90 分	税务机关实施正常管理，适时进行税收政策和管理规定的辅导，并视信用评价状态变化趋势选择性地提供 A 级激励措施
M	新设立企业，年度内无生产经营业务收入且年度评价指标得分 70 分以上	税务机关适时进行税收政策和管理规定的辅导
C	40 分以上不满 70 分	依法从严管理，并视信用评价状态变化趋势选择性地采取 D 级管理措施

（续表）

级别	年度评价指标得分	享受激励（监控）
D	考评分在 40 分以下或者直接判级确定	（1）公开 D 级纳税人及其直接责任人员名单，对直接责任人员注册登记或者负责经营的其他纳税人纳税信用直接判为 D 级 （2）增值税专用发票领用按辅导期一般纳税人政策办理，普通发票的领用实行交（验）旧供新、严格限量供应 （3）加强出口退税审核 （4）加强纳税评估，严格审核其报送的各种资料 （5）列入重点监控对象，提高监督检查频次，发现税收违法违规行为的，不得适用规定处罚幅度内的最低标准 （6）将纳税信用评价结果通报相关部门，建议在经营、投融资、取得政府供应土地、进出口、出入境、注册新公司、工程招投标、政府采购、获得荣誉、安全许可、生产许可、从业任职资格、资质审核等方面予以限制或禁止 （7）D 级评价保留两年，第三年纳税信用不得评价为 A 级 （8）税务机关与相关部门实施的联合惩戒措施，以及结合实际情况依法采取的其他严格管理措施

3. 导致纳税信用下降的行为

导致纳税信用下降的行为见表 4-5。

表 4-5　导致纳税信用下降的行为

等级	情形
无缘 A 级	（1）具有涉嫌违反税收法律、行政法规行为，至评定日仍未结案或已结案但未按照税务机关处理决定改正的 （2）两年内（指税务机关确定纳税信用等级之日起向前推算两年）新发生欠缴税款情形的 （3）不能依法报送财务会计制度、财务会计报表和其他纳税资料的 （4）评定期前两年有税务行政处罚记录的 （5）不能完整、准确核算应纳税款或者不能完整、准确代扣代缴税款的
无缘 B 级	至评定日为止有新发生欠缴税款五万元以上的（自评定日起向前推算两年内发生，至评定日尚未清缴的）
直降 B 级	对办理税务登记不满两年的纳税人，不进行纳税信用等级评定，按 B 级管理
直降 C 级	（1）依法应当办理税务登记而未办理税务登记的 （2）评定期内同时具备按期纳税申报率在 90% 以下，纳税申报准确率在 70% 以下，应纳税款按期入库率在 80% 以下，代扣代缴申报准确率在 80% 以下，代扣代缴税款入库率在 90% 以下的 （3）两年内（指税务机关确定纳税信用等级之日起向前推算两年）有违反税收法律、行政法规的行为，且受到税务行政处罚的 （4）纳入增值税防伪税控系统的纳税人，一年内两次不能按期抄报税的 （5）应税收入、应税所得核算混乱，有关凭证、账簿、报表不完整、不真实的

（续表）

等级	情形
直降 D级	（1）依法应当办理税务登记而未办理税务登记的 （2）评定期内同时具备按期纳税申报率在90%以下，纳税申报准确率在70%以下，应纳税款按期入库率在80%以下，代扣代缴申报准确率在80%以下，代扣代缴税款入库率在90%以下的 （3）两年内（指税务机关确定纳税信用等级之日起向前推算两年）有违反税收法律、行政法规的行为，且受到税务行政处罚的 （4）纳入增值税防伪税控系统的纳税人，一年内两次不能按期抄报税的 （5）应税收入、应税所得核算混乱，有关凭证、账簿、报表不完整、不真实的

【专家建议】

企业应当重视纳税信用等级评定，通过不断规范纳税行为来提升纳税信用等级，以享受税务机关提供的税收便利，并且远离税收"黑名单"。同时，企业可以进一步向相关银行了解税银合作情况和相应的贷款产品，将"纳税信用"与"融资信用"对接，将纳税信用直接转化为企业的融资能力。

【案例】

某银行开通了"税易贷"产品，主要针对经营两年以上的小微企业，凡是企业的纳税状态良好且足额缴费，每年纳税费用在五万元以上，企业和企业法人的信用状况良好的就可以申请，而且可以贷款的额度并不低。

三、严监管下如何应对税务稽查

（一）稽查风暴应对"成也证据链，败也证据链"

一张发票并不足以支撑业务的真实合理！

【必备知识】

1. 税收证据链及其作用

税收证据链是指在纳税人经营中的涉税业务证据与被证事实之间建立连接关系，相互间依次传递相关的若干证据的组合。除了发票之外，证据链一般还包括合同、付款证明、清单、影像资料等能够证明业务发生的留痕资料。证据链的完整性应遵循真实性、合法性、关联性原则。在税务稽查中，如果证据链不充分，尤其是在成本费用方面，很可能会被认定为不符合"真实性、合法性、关联性"的要求，企业会被要求补税。因此，证据链对于企业应对税务稽查来说具有重要意义。

2. "四流合一"证据链

"四流合一"是指发票流、资金流、合同流、货物流统一相对应。税务稽查时，如果企业销售收入无法做到"四流合一"，可能会被怀疑虚开增值税发票。有的企业确认收入只有合同流、资金流、发票流的统一，但由于缺乏货物流的支持和佐证，表面上的合同流很容易涉嫌是假合同或阴阳合同。当然，"四流不一"并不能证明存在虚假交易行为，也不一定是虚开发票的行为。但是，如果企业不能合理说明，进一步提供有利证据，则会大大增加被认定为虚开发票的可能。一旦被认定为虚开发票，那么企业受到的处罚将是非常严厉的。

【专家建议】

第一，企业要做到准确理解税收法律法规的要求，把握税收政策的法律红线。在此基础上，企业要保证各项业务有完整的"证据链"，且"证据"材料之间具备一致性。企业应当认识到，虽然合同、财务、税务、资产、采购、销售等分属不同的体系，但是从企业经营流程来看，相关业务具有一定的顺序性和内在一致性。企业在生产经营过程中要注意收集和留存相应的证据资料，并作为内部完成付款、记账等工作的必要条件。

第二，企业应当梳理办理不同业务需要的证据资料清单，并在内部明确证据资料的取得、审核、保管等工作的相关责任部门和责任人。除了发票、收付款凭证、合同、收发货凭证、运输凭证等资料，工资表、费用分摊表、折旧摊销表等内部证据也是证据链的一员。审计报告、评估报告、法律意见书、造价审核报告、税务鉴证报告等外部机构出具的证明文件，都可能构成重要的证据。

【案例】

　　十年前，韩某夫妇注册了某化工有限公司，在两人的努力打拼下，公司发展蒸蒸日上。2018 年年末，由于取得的进项发票较少，公司缴税压力增大。为了少缴税款，韩某便动起了歪脑筋，他在无真实货物交易的情况下，从青岛的两家企业购买虚开的增值税专用发票进行虚假申报，抵扣销项税款。公司纳税申报数据的异常变化，很快引起了当地税务机关的注意。经过检查，税务机关查实了该公司虚开发票的违法事实，并依法将该公司纳入税收违法"黑名单"，推送相关部门进行联合惩戒。

（二）以"高频风险指标"为中心的税收自查

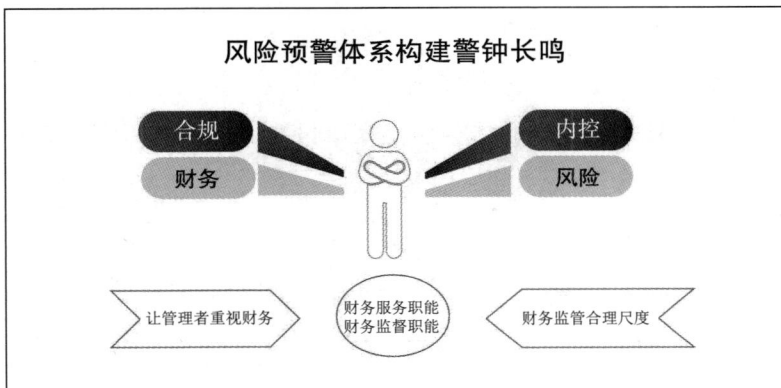

风险预警体系构建警钟长鸣

合规　　内控

财务　　风险

让管理者重视财务　　财务服务职能 财务监督职能　　财务监管合理尺度

【必备知识】

1.什么样的企业更容易被税务稽查

企业被税务稽查，大致分为"被抽查""被举报""被分析""被关联"四种情形。金税四期实施后，其强大的分析能力更是让"数据异常"企业被稽查的概率大大增加。此外，税务机关每年都会有税务稽查的重点领域，这些领域的企业当年被稽查的概率就会大增。

例如，2021年10月，税务机关严厉打击"假企业""假出口""假申报"行为，重点稽查领域如图4-2所示。

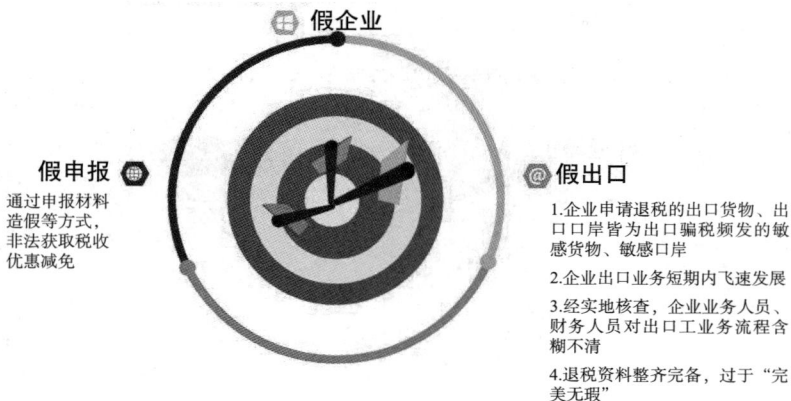

图 4-2　"假企业""假出口""假申报"重点稽查领域

2. 洞悉财税风险自查

所有的财税行为都不是独立的，而是源于业务。企业防范税务风险应该从企业的业务异常点入手。企业所得税财税风险自查要点见表 4-6。

表 4-6　企业所得税财税风险自查要点

项目	税务局管理要点	异常指标预警
行业	行业生产经营	出现漏洞的环节，确定行业企业所得税管理重点
	财务核算特点	
	税源变化情况	
规模	企业生产经营特点和工艺流程	生产经营收入、年应纳税所得额或年应纳所得税额
汇总纳税企业管理	总机构按规定计算并传递分支机构企业所得税预缴分配表，切实做好汇算清缴工作	查验核对分支机构经营收入、职工工资和资产总额等指标及企业所得税分配额，核实分支机构财产损失
事业单位、社会团体和民办非企业单位管理	掌握其设立、经营范围等情况，并按照税法规定要求其进行正常纳税申报	
减免税企业管理	对享受优惠政策需要审批的企业实行台账管理，对不需要审批的企业实行跟踪管理	定期核查减免税企业的资格和条件，发现不符合优惠资格或者条件的企业，及时取消其减免税待遇

（续表）

项目	税务局管理要点	异常指标预警
异常申报企业管理	将存在连续三年以上亏损、长期微利微亏、跳跃性盈亏、减免税期满后由盈转亏或应纳税所得额异常变动等情况的企业，作为纳税评估、税务检查和跟踪分析监控的重点	
企业特殊事项管理	针对企业合并、分立、改组改制、清算、股权转让、债务重组、资产评估增值以及接受非货币性资产捐赠等涉及企业所得税的特殊事项，制定并实施企业事先报告制度和税务机关跟踪管理制度	
税源管理	通过企业办理设立、变更、注销、外出经营等事项的税务登记，及时掌握企业总机构、境内外分支机构、境内外投资、关联关系等相关信息	
跨国税源管理	加强对企业跨境交易、投资、承包工程、提供劳务和跨境支付等业务活动的应税所得的管理，防范侵蚀我国税基和延迟纳税等行为	
收入管理	依据企业有关凭证、文件和财务核算软件的电子数据，全面掌握企业经济合同、账款、资金结算、货物库存和销售等情况，核实企业应税收入	

（续表）

项目	税务局管理要点	异常指标预警
收入管理	依据对外投资协议、合同、资金往来凭据和被投资企业股东大会、董事会关于税后利润的分配决议，核实股息、红利等免税收入	
	对分年度确认的非货币性捐赠收入和债务重组收入、境外所得等特殊收入事项，实行分户分项目台账管理	
	比对分析企业所得税收入与流转税及其他税种收入数据、上游企业大额收入与下游企业对应扣除数据等信息，准确核实企业收入	
税前扣除管理	严格查验原材料购进、流转、库存等环节的凭证。依据行业投入产出水平，重点核查与同行业投入产出水平偏离较大而又无合理解释的成本项目	
	加强费用扣除项目管理，防止个人和家庭费用混同生产经营费用扣除	
	利用个人所得税和社会保险费征管、劳动用工合同等信息，比对分析工资支出扣除数额	
	加大对大额业务招待费和大额会议费支出的核实力度	

（续表）

项目	税务局管理要点	异常指标预警
税前扣除管理	对广告费和业务宣传费、长期股权投资损失、亏损弥补等跨年度扣除项目，实行台账管理	
	加强发票核实工作，不符合规定的发票不得作为税前扣除凭据	
	对企业自行申报扣除的财产转让损失、合理损耗、清理报废等损失，要严格审核证据材料，实行事后跟踪管理。对大额财产损失要进行实地核查	
关联交易管理	对企业所得税实际税负有差别或有盈有亏的关联企业，建立关联企业管理台账	
	拓宽关联交易管理信息来源渠道，充分利用国家宏观经济数据、行业协会价格和盈利等分析数据、国内外大型商业数据库数据等信息开展关联交易管理	
	加强关联交易行为调查，审核关联交易是否符合独立交易原则，防止企业利用关联方之间适用不同所得税政策以及不同盈亏情况而转移定价和不合理分摊费用。加强对跨省市大企业和企业集团关联交易管理，实行由税务总局牵头、上下联动的纳税评估和检查	

（续表）

项目	税务局管理要点	异常指标预警
清算管理	跟踪清算结束时尚未处置资产的变现情况	
预缴申报	根据企业财务会计核算质量及上一年度企业所得税预缴和汇算清缴实际情况，依法确定企业本年度企业所得税预缴期限和方法	
	对按照当年实际利润额预缴的企业，重点加强预缴申报情况的上下期比对	
	对按照上一年度应纳税所得额的平均额计算预缴的企业，重点提高申报率和入库率	
	对按照税务机关认可的其他方法预缴的企业，及时了解和掌握其生产经营情况，确保预缴申报正常进行	
汇算清缴全程管理	重点审核收入和支出明细表、纳税调整明细表，特别注意审核比对会计制度规定与税法规定存在差异的项目	

【专家建议】

企业在几年内是否会被税务稽查是有一定的概率的，但作为持续经营多年的企业，不被税务稽查反而是小概率事件。企业要想做强做大，一定要严格管控税务风险，每年进行税收风险自查，发现问题及时整改，把税收风险消灭在萌芽中。同时，企业还可以利用"风险高频预警指标"建立税收风险预警体系，发现异常及时进行税收自查。

第五章

税务管理要合规
——不因无知无为受损失

　　税务业务具有很强的法律强制性。企业业务发生时，相应的纳税义务就会随之产生。企业的采购和资产业务、销售业务、研发业务、内部管理业务等，均与纳税义务密切相关。开展这些业务时，企业对相关纳税事项要有预判和相应的管理措施，要避免因无知无为而受到损失。

一、采购和资产业务税务管理

（一）购买存货和存货损失的税务管理

【必备知识】

1.购买存货增值税允许抵扣的情形

增值税是企业的主要税种之一，计算公式是：应纳税额 = 当期销项税额－当期进项税额。其中，销项税额是按照企业销售（服务）等业务收入乘以税率计算出来的，进项税额是按照企业购买原材料、货物、备品备件、服务等的支出乘以相应税率计算出来的。购买存货是很多企业的重要支出项目，其税务管理不仅涉及进项税额能否确认，还会进一步影响企业应当缴纳的增值税额。企业购买存货增值税允许抵扣的情形见表 5-1。

表 5-1　企业购买存货增值税允许抵扣的情形

用途	发票	一般纳税人
外购货物用于生产经营	从销售方取得的增值税专用发票上注明的增值税额	取得增值税专用发票，可以抵扣进项税额
	从海关取得的海关进口增值税专用缴款书上注明的增值税额	
购进农产品	按照农产品收购发票或者销售发票上注明的农产品买价和 9% 的扣除率计算进项税额，国务院另有规定的除外	

2.购买存货增值税不能抵扣的情形

企业购买存货增值税不能抵扣的情形见表 5-2。

表 5-2 企业购买存货增值税不能抵扣的情形

用途	一般纳税人	小规模
外购货物用于简易计税方法计税项目、免征增值税项目、集体福利或者个人消费的购进货物、劳务、服务、无形资产和不动产	不能抵扣进项税额；货物改变用途时做增值税进项税额转出处理	不能抵扣进项税额
非正常损失的购进货物		
非正常损失的在产品、产成品所耗用的购进货物		

3. 存货报废、损耗、盘亏税务规定

企业购入存货涉及的增值税，在使用和销售过程中构成了企业的成本费用，可以作为企业所得税的税前扣除项目。但是，如果存货出现报废、损耗、盘亏等情况，要作为企业所得税的税前扣除项目则需要满足一定的条件且具备相关的证明资料。资产损失税前扣除证明资料见表 5-3。

表 5-3 资产损失税前扣除证明资料表

项目	税前扣除金额和需要的证明资料
存货盘亏损失	盘亏金额扣除责任人赔偿后的余额 （1）存货计税成本确定依据 （2）企业内部有关责任认定、责任人赔偿说明和内部核批文件 （3）存货盘点表 （4）存货保管人对盘亏情况的说明
存货报废、毁损或变质损失	计税成本扣除残值及责任人赔偿后的余额 （1）存货计税成本的确定依据 （2）企业内部关于存货报废、毁损、变质、残值情况说明及核销资料

（续表）

项目	税前扣除金额和需要的证明资料
存货报废、毁损或变质损失	（3）涉及责任人赔偿的，应当有赔偿情况说明 （4）该项损失数额较大的（指占企业该类资产计税成本10%以上，或减少当年应纳税所得、增加亏损10%以上），应有专业技术鉴定意见或法定资质中介机构出具的专项报告等
存货被盗损失	计税成本扣除保险理赔以及责任人赔偿后的余额 （1）存货计税成本的确定依据 （2）向公安机关的报案记录 （3）涉及责任人和保险公司赔偿的，应有赔偿情况说明等

【专家建议】

企业应当加强存货等资产的日常管理，遇到存货报废、损耗、盘亏等资产损失时，应按照税务规定取得相应的证明资料，不然相关成本可能无法在企业所得税税前扣除，增加企业税收负担。此外，发生损失的资产在购进环节可能已经抵扣了增值税进项税额，这个时候需要做进项税额转出处理。

【风险提示】

通过不要发票获得降价优惠是否真的占到便宜了

企业采购时经常会遇到要发票和不要发票价格不同的情况。有些人觉得不要发票更划算，实际上是给企业"埋了雷"。首先，没有发票增值税进项税额不能抵扣，造成损失；其次，相应的支出不能计入成本费用，无法在企业所得税税前扣除，造成损失；再次，采购业务未按规定取得发票，财务部门无法做账，税务部门还会给予处罚；最后，外部投资人、审计机构不认可企业的财务报告。

（二）固定资产折旧的税务管理

【必备知识】

固定资产是指企业为生产商品、提供劳务、出租或经营管理而持有的，使用寿命超过一个会计年度的有形资产，包括房屋、建筑物、机器、机械、运输工具及其他与生产经营活动有关的设备、器具、工具等。

1. 固定资产折旧的会计与税法处理对比

固定资产折旧是企业所得税税前扣除的重要内容，由于固定资产折旧在会计处理和税法处理上存在着较大差异，实务中经常给企业造成较大困惑。企业可以根据资产使用状况确定折旧年限，只要不低于税法规定的最低年限，一般就不会做纳税调整。固定资产折旧会计准则与税法规定差异见表 5-4。

表 5-4　固定资产折旧会计准则与税法规定差异

会计准则	税法	
	一般情况	特殊情况
企业应当根据**固定资产的性质和使用情况**，合理确定固定资产的使用寿命。固定资产的使用寿命一经确定，不得随意变更，但企业至少应当于每年年度终了，对固定资产的使用寿命进行复核	固定资产计算折旧的**最低年限**如下： （1）房屋、建筑物，为20年 （2）飞机、火车、轮船、机器、机械和其他生产设备，为10年 （3）与生产经营活动有关的器具、工具、家具等，为5年 （4）飞机、火车、轮船以外的运输工具，为4年 （5）电子设备，为3年	【外购软件】企业外购的软件，凡符合固定资产或无形资产确认条件的，可以按照固定资产或无形资产进行核算，其折旧或摊销年限可以适当缩短，最短可为2年（含） 【集成电路生产企业的生产设备】折旧年限可以适当缩短，最短可为3年（含）
企业在确定固定资产使用寿命时，应当考虑下列因素： （1）预计生产能力或实物产量 （2）预计有形损耗和无形损耗 （3）法律或类似规定对资产使用的限制		【油气企业】在开始商业性生产之前发生的开发支出，可不分用途，全部累计作为开发资产的成本，自对应的油（气）田开始商业性生产月份的次月起，可不留残值，按直线法计提的折旧准予扣除，其最低折旧年限为8年

2. 固定资产加速折旧与一次性扣除

近年来，税务机关对特殊行业及重要领域的折旧给予了固定资产加速折旧的优惠政策，政策变化趋势如图 5-1 所示。

图 5-1 固定资产优惠政策变化趋势

（三）自行建造固定资产折旧的税务管理

税法规定，自行建造的固定资产以竣工结算前发生的支出为计税基础。会计上确认固定资产成本与税法确认固定资产计税成本存在差异（如图 5-2 所示），实务中此处为高频风险点。

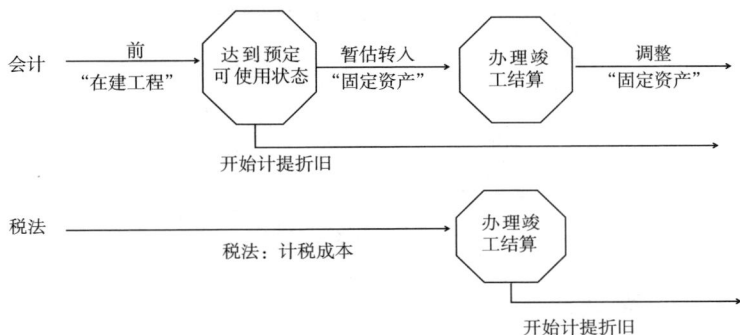

图 5-2 会计确认固定资产成本与税法确认固定资产计税成本的差异

141

【专家建议】

企业在确定固定资产折旧年限时，要考虑税务方面的影响。如果确定的折旧年限低于税法规定，那么企业在计算企业所得税时要进行纳税调整。对于企业来说，国家出台的加速折旧和一次性扣除政策可以降低当期企业所得税，但从整个固定资产的生命周期来看，这类政策前期降低企业所得税，但后期会增加企业所得税，因为整个固定资产的折旧总数不会发生变化。企业在利用此类政策时，应当综合考虑企业长期规划、盈利能力等情况。

（四）工程物资的税务管理

【必备知识】

1. 外购固定资产或工程物资的手续费及佣金的税务处理

外购固定资产或工程物资的手续费及佣金的税务处理如图 5-3 所示。

142

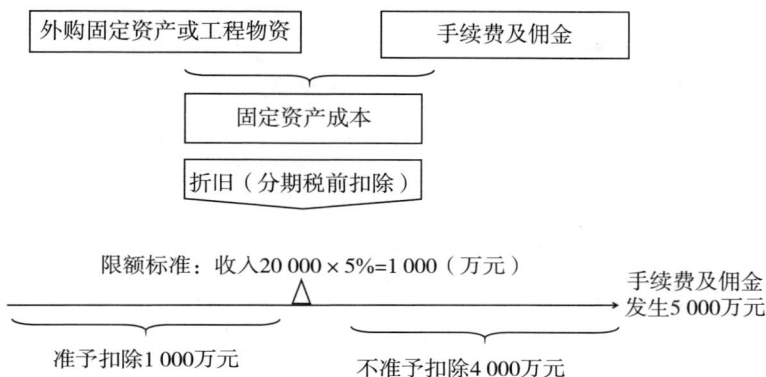

图 5-3　外购固定资产或工程物资的手续费及佣金的税务处理

手续费及佣金企业所得税税前扣除政策

政策依据：《关于企业手续费及佣金支出税前扣除政策的通知》（财税〔2009〕29 号）

企业已计入固定资产、无形资产等相关资产的手续费及佣金支出，应当通过折旧、摊销等方式分期扣除，不得在发生当期直接扣除。

企业发生与生产经营有关的手续费及佣金支出，不超过计算限额（所签订服务协议或合同确认的收入金额的5%）以内的部分，准予扣除；超过部分，不得扣除。

企业以现金等非转账方式支付的手续费及佣金不得在税前扣除。企业为发行权益性证券支付给有关证券承销机构的手续费及佣金不得在税前扣除。企业不得将手续费及佣金支出计入回扣、业务提成、返利、进场费等费用。企业支付的手续费及佣金不得直接冲减服务协议或合同金额，并如实入账。

2. 外购货物用于工程物资的税务处理

外购货物用于工程物资的税务处理如图 5-4 所示。

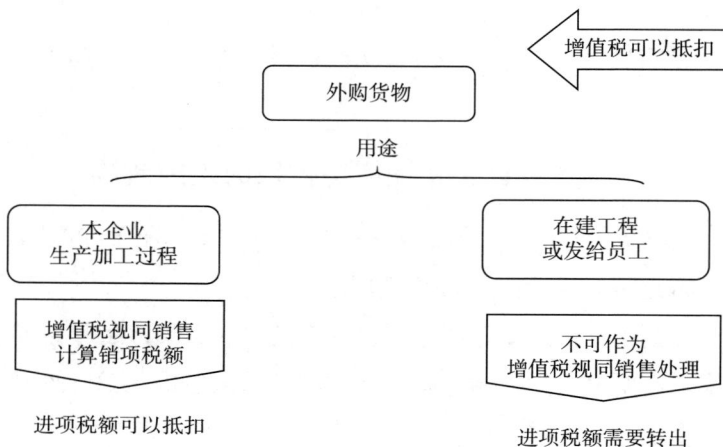

图 5-4　外购货物用于工程物资的税务处理

3."甲供材"工程的税务处理

"甲供材"工程是指全部或部分设备、材料、动力由工程发包方自行采购的建筑工程。针对"甲供材"工程，建筑企业可以选择增值税一般计税方法，也可以选择简易计税方法。具体见表 5-5。

表 5-5　"甲供材"工程的计税方法

项目	一般计税	简易计税
税率或征收率	税率：9%	征收率：3%
计税方式	进项税额可以抵扣	进项税额不可以抵扣
增值税计算	应纳税额＝销项税额－进项税额	应纳税额＝销售额 × 征收率
增值税专用发票	可以开	不可以开，特殊情况可以去税务局申请代开
一般纳税人	可选择一般计税方法	一般按简易征收的方式缴税
小规模纳税人	只能选择一般计税方法	特殊情况可以选择简易计税方法

4. 跨县（市、区）提供建筑服务的税务处理

建筑企业跨县（市、区）提供建筑服务需预缴税款，计税方法见表 5-6。

表 5-6　跨县（市、区）提供建筑服务的计税方法

类别	一般计税	简易计税
一般纳税人	适用一般计税方法计税的，以取得的全部价款和价外费用扣除支付的分包款后的余额，按照 2% 的预征率计算应预缴税款 应预缴税款＝（全部价款和价外费用－支付的分包款）÷（1+11%）× 2%	选择适用简易计税方法计税的，以取得的全部价款和价外费用扣除支付的分包款后的余额，按照 3% 的征收率计算应预缴税款 应预缴税款＝（全部价款和价外费用－支付的分包款）÷（1+3%）× 3%
小规模纳税人	以取得的全部价款和价外费用扣除支付的分包款后的余额，按照 3% 的征收率计算应预缴税款	

【专家建议】

企业的工程物资与原材料等存货的性质不同，在会计和税务处理上均有很大差异。企业购买工程物资涉及手续费及佣金时，要注意 5% 的税前扣除标准。企业外购货物用于工程建设时，相应的增值税进项税额不能抵扣，而应当转出，这一点不能忽视。建筑企业的业务特点与一般的生产、商贸、服务等企业差异较大，也有很多专门的税务规定，实务中要注意区分。

【风险提示】

（1）建筑企业简易计税项目购进材料，即使取得增值税专用发票也不能抵扣进项税额，所以很多企业认为没有必要取得增值税专用发票。但是，如果简易计税项目的材料在项目结束后未使用完，再用到一般计税方法的新项目中，若购买时没有取得增值税专用发票，则不能抵扣进项税额。因此，实务中用于简易计税项目（含老项目、清包工及"甲供材"工程）的材料，企业也应取得增值税专用发票。

（2）现场搭建的临时建筑虽然形态上属于不动产，但施工结束后即被拆除，其性质上更接近于生产过程中的中间投入物，取得的进项税额可以一次性抵扣。拆除的临时建筑，不属于非正常损失的不动产，其进项税额不需要转出。

（五）采购办公物资的税务管理

公司购买零星物资，种类多，金额小，开票怎么开？

【必备知识】

1. 小额零星采购无法取得发票的税务处理

小额零星采购无法取得发票的税务处理见表 5-7。

表 5-7　小额零星采购无法取得发票的税务处理

项目	个人	企业
范围	无须办理税务登记的单位或者从事小额零星经营业务的个人	（1）无法补开、换开发票及其他外部凭证原因的证明资料（包括工商注销、机构撤销、列入非正常经营户、破产公告等证明资料） （2）相关业务活动的合同或协议 （3）采用非现金方式支付的付款凭证 （4）货物运输的证明资料
证据链要求	收款凭证应载明收款单位名称、个人姓名及身份证号、支出项目、收款金额等相关信息	

项目	个人	企业
起征点	销售额不超过增值税相关政策规定的起征点 （1）按期纳税的，为月销售额5 000 ~ 20 000元（含本数） （2）按次纳税的，为每次（日）销售额300 ~ 500元（含本数）	（5）货物入库、出库内部凭证 （6）企业会计核算记录以及其他资料 注：第（1）项至第（3）项为必备资料

2. 办公费报销的税务规定

办公费报销的税务规定见表5-8。

表5-8 办公费报销的税务规定

要求	具体内容
附清单	严格按照《商品和服务税收分类与编码》开具发票，采用新系统开具的发票不能开具"办公用品""材料一批""礼品"等项目
允许拒收发票的情形	项目不齐全，与实际交易不符；存在字迹模糊、压线、错格现象；发票联和抵扣联没有盖章；未按增值税纳税义务发生时间开具
购买方可要求销售方重新开具增值税专用发票的情形	无法认证，纳税人识别号认证不符，增值税专用发票代码、号码认证不符

3. 购买礼品、服装、烟酒报销的税务规定

商业企业一般纳税人零售的烟、酒、食品、服装、鞋帽（不包括劳保专用部分）、化妆品等消费品不得开具增值税专用发票。

【专家建议】

企业购买办公物资，除了要取得发票，还应当取得与发票相对应的销货清单。企业应当准确界定办公费的范围，不能将烟、酒、食品、化妆品等消费品作为办公费报销。此外，企业应当建立并完善相应的内部控制机制，对购买的办公用品实物进行验收、登记、入库，领用时办理出库，并定期进行盘点对账。

二、销售业务税务管理

（一）销售货物（劳务）的税务管理

【必备知识】

1.销售货物（劳务）的税务规定

销售货物（劳务）主要涉及增值税，企业应按照收入的一定比率计算增值税销项税额。不同行业的增值税税率见表5-9。

表 5-9　不同行业的增值税税率

项目		一般纳税人	小规模纳税人
销售货物	货物（除国务院规定9%税率外）	13%	3%
销售劳务	交通运输服务	9%	3%
	邮政服务	9%	3%
	电信服务	9%（增值电信服务6%）	3%
	金融服务	6%	3%

（续表）

项目		一般纳税人	小规模纳税人
销售劳务	现代服务	6% （不动产租赁 9%） （有形动产租赁 13%）	3% （不动产融资租赁 5%）
	生活服务	6%	3%

2. 销售方收取违约金、代垫款等的税务规定

销售方收取违约金、代垫款等的税务规定如图 5-5 所示。

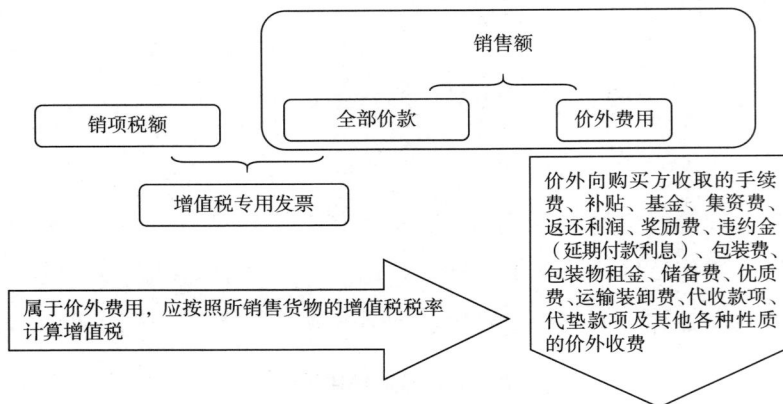

图 5-5　销售方收取违约金、代垫款等的税务规定

如果销售方收取的客户支付代垫运输费不属于价外费用，企业不需要缴纳增值税。

3. 不同销售方式下的纳税义务时间对比

增值税纳税义务时间并不是完全以开具发票的时间为准，不同的销售方式对应不同的纳税时间，具体见表 5-10。

表 5-10　销售货物增值税纳税义务时间对比

销售货物方式	货物发出 时间点	合同约定 收款日期	实际收到 销售款当天	索取销售款 凭据当天
直接收款方式			☑	☑
赊销方式	无合同 ☑	有合同 ☑		
分期收款方式	无合同 ☑	有合同 ☑		
预收货款方式	非特定货物 ☑	特定货物 ☑	特定货物 ☑	
委托代销方式	未收到代销清单及货款的，为发出代销货物满180天的当天 ☑		☑	收到代销单位的代销清单 ☑
视同销售行为	货物移送当天 ☑			

备注：特定货物指生产销售生产工期超过 12 个月的大型机械设备、船舶、飞机等。

4. 视同销售行为

企业的某些经营行为并非销售行为，但在税法上要视同销售行为缴纳增值税，具体见表 5-11。

表 5-11　视同销售行为

视同销售行为	不视同销售行为
将货物交付其他单位或者个人代销	（1）纳税人出租不动产，租赁合同中约定免租期的，不属于视同销售服务
销售代销货物	
设有两个以上机构并实行统一核算的纳税人，将货物从一个机构移送其他机构用于销售，但相关机构设在同一县（市）的除外	

（续表）

视同销售行为	不视同销售行为
将自产或者委托加工的货物用于非增值税应税项目	（2）药品生产企业销售自产创新药的销售额，为向购买方收取的全部价款和价外费用，其提供给患者后续免费使用的相同创新药，不属于增值税视同销售范围
将自产、委托加工的货物用于集体福利或者个人消费	
将自产、委托加工或者购进的货物作为投资，提供给其他单位或者个体工商户	
将自产、委托加工或者购进的货物分配给股东或者投资者	
将自产、委托加工或者购进的货物无偿赠送其他单位或者个人	
单位或者个体工商户向其他单位或者个人无偿提供服务，但用于公益事业或者以社会公众为对象的除外	
单位或者个人向其他单位或者个人无偿转让无形资产或者不动产，但用于公益事业或者以社会公众为对象的除外	
财政部和国家税务总局规定的其他情形	

销售额

政策出处：《中华人民共和国增值税暂行条例实施细则》

第十六条　纳税人有条例第七条所称价格明显偏低并无正当理由或者有本细则第四条所列视同销售货物行为而无销售额者，按下列顺序确定销售额：

（一）按纳税人最近时期同类货物的平均销售价格确定

（二）按其他纳税人最近时期同类货物的平均销售价格确定

（三）按组成计税价格确定。组成计税价格的公式为：

组成计税价格 = 成本 × （1+ 成本利润率）

5. 混合销售与兼营业务的税务区别

混合销售与兼营业务的税务区别见表 5-12。

表 5-12　混合销售与兼营业务的税务区别

分类	定义	纳税人	举例
混合销售	一项销售行为如果既涉及服务又涉及货物，为混合销售。构成混合销售的，按照主营业务所适用税率征税	从事货物的生产、批发或者零售的单位和个体工商户	甲公司销售螺纹钢并负责运输属于混合销售行为，收取的运费按货物销售额的13%缴纳增值税
兼营业务	纳税人兼营销售货物、劳务、服务、无形资产或者不动产，适用不同税率或者征收率的，应当分别核算适用不同税率或者征收率的销售额【风险】未分别核算的，从高适用税率		乙公司经营钢材销售、建筑用脚手架租赁业务，并将公司部门店面出租形成收入。乙公司出租脚手架和店面属于兼营行为，销售额应分别核算，适用不同税率。其中，销售钢材税率为13%；出租货物及设备税率为13%；店面出租取得收入的税率为9%

（1）混合销售：即同一项销售行为中既包括销售货物又包括提供应税服务的，经营行为前后关联性同以下的"同时"关系。如图 5-6 所示。

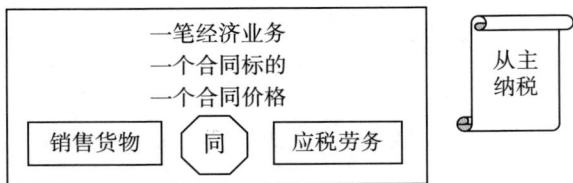

图 5-6　混合销售

（2）兼营：即企业经营范围包含 2 种业务以上的，业务之间是"又"的关系。如图 5-7 所示。

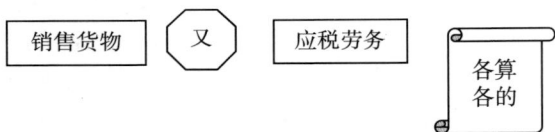

图 5-7　兼营业务

【专家建议】

销售是企业取得收入的主要来源，也是缴纳增值税的主要业务，税法对销售业务涉及的各种情形应如何纳税均有明确规定。企业在进行销售业务税务管理时要注意以下几点：（1）按照实际收入申报纳税，切不可为了少交税瞒报、漏报；（2）准确掌握不同收入类型的纳税时间点，按照要求及时开具发票，申报纳税；（3）梳理本单位业务，与税务视同销售行为规定进行对比，对视同销售行为按规定申报纳税；（4）准确区分混合销售和兼营业务，按照业务性质合法纳税。

【风险提示】

财务确认收入的时间点和税法规定的增值税纳税时间点并

不完全同步，尤其涉及预收款的，有可能出现收款时就要纳税的情况。实务中具体有以下几种情况：（1）出租房屋，预收房屋租金时，需要缴纳增值税；（2）出租设备采取预收款方式的，预收设备租金时，需要缴纳增值税；（3）生产销售大型机械设备，工期超过 12 个月，采取预收款方式的，预收设备款时，需要缴纳增值税；（4）提供建筑服务的企业，预收工程款时，需要预缴增值税；（5）房地产开发企业，采取预收款方式销售所开发的房地产项目，预收房款时，需要预缴增值税。

【案例】

2020 年 1 月，甲企业和承租方签订租赁协议，租期为三年，每年租金为 100 万元，合同约定签订协议时一次性收取租金 300 万元。甲企业会计确认租房收入 100 万元，税法确认租房收入 300 万元，需要做纳税调整 200 万元。

（二）市场营销及激励的税务管理

设计促销方案时莫忘涉税问题

【必备知识】

1. 折扣折让

折扣折让的会计与税法规定见表 5-13。

表 5-13　折扣折让的会计与税法规定

项目	会计	税法
商业折扣	（1）实质重于形式 （2）销售方按照折扣后的实际交易价格确认收入的实现	（1）按照扣除商业折扣后的金额确定销售商品收入金额 （2）商业折扣必须开具在同一张发票上（强调形式）
现金折扣 （2/10，1/20，n/30）	计入当期财务费用	销售商品涉及现金折扣的，应当按扣除现金折扣前的金额确定销售商品收入金额，现金折扣在实际发生时作为财务费用扣除 注意：现金折扣在实际发生时可以在税前扣除，因此无税会差异，不需要进行纳税调整
销售折让 （因出售的商品质量、商品型号、款式陈旧过时等原因在售价上给予买方的减让）	（1）当年：直接折让金额冲减收入即可，且无税会差异，无须进行纳税调整 （2）跨年：以前年度损益调整	（1）开票：买方退还了原发票而重新开具了新发票，或者买方提供了折让证明单而开具了红字折让发票的，卖方只需要按照折让后金额确认收入即可，一般情况下无税会差异，无须进行纳税调整 （2）未开票：如果既没有重开发票也没有开红字折让发票，会计处理可以确认折让，但是折让金额得不到税务认可，应税收入还要按照折让前金额确认。因此，这种情况的销售折让存在税会差异，需要进行纳税调整

2.向外单位人员赠送礼品和红包

企业在业务宣传、广告等活动中，经常会向本单位以外的个人赠送礼品（包括网络红包），有些企业在年会、座谈会、庆典及其他活动中也会向本单位以外的个人赠送礼品。这种"实物返利"和"现金返利"的行为，企业要视同销售缴纳增值税和企业所得税，个人要缴纳个人所得税。具体见表5-14。

表5-14　向外单位人员赠送礼品和红包的税务处理

促销方式	赠送礼品	网络红包
涉税处理	视同销售	视同现金返利
涉及税种	增值税、企业所得税	个人所得税偶然所得，税率为20%

3.向外单位支付佣金

向外单位支付佣金的税务规定见表5-15。

表5-15　向外单位支付佣金的税务规定

行业	企业所得税税前扣除要求	政策依据
保险业	保险企业发生与其经营活动有关的手续费及佣金支出，不超过当年全部保费收入扣除退保金等后余额的18%（含本数）的部分，在计算应纳税所得额时准予扣除；超过部分，允许结转以后年度扣除。保险企业应建立健全手续费及佣金的相关管理制度，并加强手续费及佣金结转扣除的台账管理	国家税务总局公告2019年第72号
电信企业	电信企业在发展客户、拓展业务等过程中（如委托销售电话入网卡、电话充值卡等），需向经纪人、代办商支付手续费及佣金的，其实际发生的相关手续费及佣金支出，不超过企业当年收入总额5%的部分，准予在企业所得税前据实扣除	国家税务总局公告2012年第15号

行业	企业所得税税前扣除要求	政策依据
从事代理服务的企业	从事代理服务、主营业务收入为手续费、佣金的企业（如证券、期货、保险代理等企业），其为取得该类收入而实际发生的营业成本（包括手续费及佣金支出），准予在企业所得税前据实扣除	国家税务总局公告 2012 年第 15 号
房地产开发企业	企业委托境外机构销售开发产品的，其支付境外机构的销售费用（含佣金或手续费）不超过委托销售收入 10% 的部分，准予据实扣除	国税发〔2009〕31 号

备注：企业支付给佣金代理机构并取得"经纪代理服务"佣金的发票。

【专家建议】

企业在开展市场营销和相关激励活动时，要厘清税法对相关业务的要求，涉及销售折扣、销售折让等业务的，会计和税法的处理可能会存在差异，而且增值税发票的开具也有特殊要求，应当予以注意。企业向外单位人员赠送礼品、发红包等业务，既涉及增值税和企业所得税，也涉及受赠人员的个人所得税。这种赠送活动单人次的金额往往较小，很多企业并不重视相关的税务处理。但如果累积起来达到较大金额，企业未按照规定纳税就会产生较大的税务风险。

【风险提示】

企业发生的手续费及佣金支出，非特殊行业可按照 5% 的比例在企业所得税税前扣除，但企业应与具有合法经营资格的中介服务企业或个人签订代办协议或合同，除委托个人代理外，企业以现金等非转账方式支付的手续费及佣金不得在企业所得税税前扣除。企业不应该滥用该项规定，虚构业务、购买发票、签假合同等方式增加佣金费用都是不可取的，都会给企业带来巨大的税务风险。

【案例】

　　广州市税务部门通过税收大数据分析，发现网络主播平某涉嫌偷逃税款，对其依法开展了全面深入的税务检查。经查，平某在 2019—2020 年，通过隐匿直播带货佣金收入偷逃个人所得税 1 926.05 万元，未依法申报其他生产经营收入少缴有关税款 1 450.72 万元。

（三）销售退回及红字发票的税务管理

不同销售退货情形涉税影响不同

质量问题

七天无理由退货

退

【必备知识】

1. 企业发生销售退回

企业发生销货退回，可以开具红字增值税发票，这样做在税务上可以冲减收入。红字增值税专用发票的开具要求见表5-16。

表 5-16　红字增值税专用发票的开具

一般纳税人			小规模纳税人
购买方取得增值税专用发票	已用于申报抵扣的	购买方：填开并上传开具红字增值税专用发票信息表，暂依信息表所列增值税税额从当期进项税额中转出，待取得销售方开具的红字专用发票后，与信息表一并作为记账凭证	代开专用发票，需要开具红字专用发票的，按照一般纳税人开具红字专用发票的方法处理
	未用于申报抵扣、但发票联或抵扣联无法退回的	**购买方**填开信息表时应填写相对应的蓝字专用发票信息	
购买方未取得增值税专用发票	销售方开具专用发票尚未交付购买方	购买方未用于申报抵扣并将发票联及抵扣联退回的，销售方可在新系统中填开并上传信息表。销售方填开信息表时应填写相对应的蓝字专用发票信息	

开具红字增值税专用发票信息表见表5-17。

表 5-17 开具红字增值税专用发票信息表

销售方	名称		购买方	名称			
	纳税人识别号			纳税人识别号			
开具红字专用发票内容	货物（劳务服务）名称	数量	单价	金额	税率	税额	
	合计						
说明	一、购买方□ 　　对应蓝字专用发票抵扣增值税销项税额情况： 　　　　1. 已抵扣□ 　　　　2. 未抵扣□ 　　　　对应蓝字专用发票的代码：_____　号码：_____ 二、销售方□ 　　　　对应蓝字专用发票的代码：_____　号码：_____						
红字专用发票信息表编号							

纳税人需要开具红字增值税普通发票的，可以在所对应的蓝字发票金额范围内开具多份红字发票。其中，红字机动车销售统一发票需与原蓝字机动车销售统一发票一一对应。

2. 附有销售退回条款的销售

附有销售退回条款的销售，其会计和税务规定见表 5-18。

表 5-18　附有销售退回条款的销售的会计和税务规定

会计	税法	
客户取得商品控制权时按因向客户转让商品而预期有权收取的对价金额（不含预期退还额）确认收入	销售退回应在发生当期冲减当期销售收入	
	一般计税	简易计税
根据以往经验能够合理估计退货率　本期将不会确认被退货部分收入　不能估计退货可能性　退货期满时确认收入	因销售折让、中止或者退回而退还给购买方的增值税额，应当从当期的销项税额中扣减；因销售折让、中止或者退回而收回的增值税额，应当从当期的进项税额中扣减	因销售折让、中止或者退回而退还给购买方的销售额，应当从当期销售额中扣减。扣减当期销售额后仍有余额造成多缴的税款，可以从以后的应纳税额中扣减

【专家建议】

销售退回是企业常见的一种业务，在税务上应重点关注红字发票的开具。附有销售退回条款的销售业务，其会计处理和税法要求存在较大差异，会计处理涉及经验估计，而税法只看结果。在实务中，企业应当综合评估会计处理和税法要求的差异，并尽可能减少这种差异。

三、研发业务税务管理

（一）自行研发的税务管理

【必备知识】

1. 研发费用加计扣除的税务规定

研发费用加计扣除的税务规定见表 5-19。

表 5-19　研发费用加计扣除的税务规定

	企业（制造业、住宿和餐饮业、批发和零售业、房地产业、租赁和商务服务业、娱乐业以外）	制造业（除烟草制造业以外）	科技型中小企业
未形成无形资产	未形成无形资产计入当期损益的，在按规定据实扣除的基础上，再按照实际发生额的 75% 在税前加计扣除	未形成无形资产计入当期损益的，在按规定据实扣除的基础上，再按照实际发生额的 100% 在税前加计扣除	未形成无形资产计入当期损益的，在按规定实扣除的基础上，自 2022 年 1 月 1 日起，再按照实际发生额的 100% 在税前加计扣除
形成无形资产	形成无形资产的，在上述期间按照无形资产成本的 175% 在税前摊销	形成无形资产的，按照无形资产成本的 200% 在税前摊销	形成无形资产的，自 2022 年 1 月 1 日起，按照无形资产成本的 200% 在税前摊销
所属期间	2018 年 1 月 1 日至 2023 年 12 月 31 日	自 2021 年 1 月 1 日起	自 2022 年 1 月 1 日起

研发费用的会计处理如图 5-8 所示。

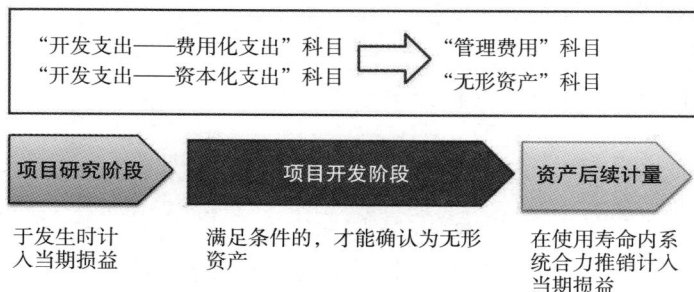

图 5-8　研发费用的会计处理

　　开发阶段满足资本化确认条件是有一系列迹象的。企业发生下列情形时，可以考虑将开发阶段发生的支出进行资本化。

　　（1）开发项目技术方案已经过技术团队进行充分论证并通过，佐证材料包括开发项目可行性分析报告、公司立项评审会议纪要等。

　　（2）管理层已经批准开发项目立项申请报告。佐证资料包括开发项目立项申请书、管理层会议纪要、正式批准文件等。

　　（3）开发项目已经充分地进行前期市场调研，说明所生产的产品或开发工艺流程具有市场推广能力，能够给企业带来经济利益。佐证材料包括开发项目可行性分析报告、公司立项评审会议纪要等。

　　（4）有足够的技术和资金支持，以进行项目开发及后续的规模化生产。佐证材料包括经批准的项目工作大纲或科技合同书（含项目预算、开发团队、技术路线等）。

　　（5）开发项目支持能够可靠地归集。佐证材料包括开发项目会计核算账、项目支出统计台账等。

2. 研发费用的范围明细

研发费用的范围明细见表 5-20。

表 5-20　研发费用的范围明细

项目	范围
人员人工费用	直接从事研发活动人员的工资薪金、基本养老保险费、基本医疗保险费、失业保险费、工伤保险费、生育保险费和住房公积金，以及外聘研发人员的劳务费用
直接投入费用	研发活动直接消耗的材料、燃料和动力费用，用于中间试验和产品试制的模具、工艺装备开发及制造费，不构成固定资产的样品、样机及一般测试手段购置费，试制产品的检验费，用于研发活动的仪器、设备的运行维护、调整、检验、维修等费用，以及通过经营租赁方式租入的用于研发活动的仪器、设备租赁费
折旧费	用于研发活动的仪器、设备的折旧费
无形资产摊销	用于研发活动的软件、专利权、非专利技术（包括许可证、专有技术、设计和计算方法等）的摊销费用
新产品设计费	新产品设计费、新工艺规程制定费、新药研制的临床试验费、勘探开发技术的现场试验费
其他费用	技术图书资料费、资料翻译费、专家咨询费、高新科技研发保险费，研发成果的检索、分析、评议、论证、鉴定、评审、评估、验收费用，知识产权的申请费、注册费、代理费，差旅费、会议费、职工福利费、补充养老保险费、补充医疗保险费
委托研发费用	研发项目仅涉及委托研发一种研发形式

3. 研发加计扣除备查资料

（1）自主、委托、合作研究开发项目计划书和企业有权部门关于自主、委托、合作研究开发项目立项的决议文件。

（2）自主、委托、合作研究开发专门机构或项目组的编制情况和研发人员名单。

（3）经科技行政主管部门登记的委托、合作研究开发项目的合同。

（4）从事研发活动的人员（包括外聘人员）和用于研发活动的仪器、设备、无形资产的费用分配说明（包括工作使用情况记录及费用分配计算证据材料）。

（5）集中研发项目研发费决算表、集中研发项目费用分摊明细情况表和实际分享收益比例等资料。

（6）"研发支出"辅助账及汇总表。

（7）企业已取得的地市级（含）以上科技行政主管部门出具的鉴定意见，应作为资料留存备查。

企业留存备查资料应从企业享受优惠事项当年的企业所得税汇算清缴期结束次日起保留 10 年。

【专家建议】

研发费用加计扣除是国家对企业研发活动在税收上的有力支持，企业开展研发活动，应当合法合规享受该项优惠政策。一方面，企业应当规范本单位研发活动管理，按照规定进行立项并履行相应手续。另一方面，企业应对研发费用和生产经营费用分开核算，准确、合理地计算各项研究开发费用支出，避免因划分不清无法进行加计扣除。此外，企业还应当保存好与研发费用相关的文件资料，配合税务机关的后续管理。

【风险提示】

（1）研发费用的优惠政策较多，并且在不断调整。企业应当持续关注新的政策，避免因错用旧政策导致税务风险。

（2）加计扣除对通过经营租赁方式租入的用于研发活动的租赁费用仅限于仪器、设备的费用。

（3）企业取得研发过程中形成的下脚料、残次品、中间试制品等特殊收入，在计算确认收入当年的加计扣除研发费用时，应从已归集研发费用中扣减该特殊收入，不足扣减的，加计扣除研发费用按零计算。

（4）直接从事研发活动的人员、外聘研发人员同时从事非研发活动的，企业应对其人员活动情况做必要记录，并将其实际发生的相关费用按实际工时占比等合理方法在研发费用和生产经营费用间分配，未分配的不得加计扣除。

（5）以经营租赁方式租入的用于研发活动的仪器、设备，同时用于非研发活动的，企业应对其仪器设备使用情况做必要记录，并将其实际发生的租赁费按实际工时占比等合理方法在研发费用和生产经营费用间分配，未分配的不得加计扣除。

【案例】

甲企业属于国家重点扶持的高新技术企业。该企业在归集研发费用时，将研发费用加计扣除和会计核算口径、高新技术企业认定研发费用归集口径相混淆，将办公费、通信费、研发人员住宿场地、培训费等归集到其他相关费用加计扣除，导致其未能准确计算可加计扣除的研发费用，后被税务机关查处。

（二）非自行研发的税务管理

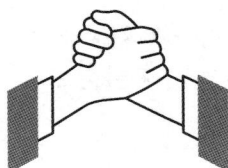

研发外包有哪些涉税规定

【必备知识】

1. 委托外部研发的税务规定

委托外部研发的税务规定见表 5-21。

表 5-21　委托外部研发的税务规定

项目	依据	委托方	受托方
		可以加计扣除	不得再进行加计扣除
委托外单位开发	财 税〔2010〕81 号 国家税务总局公告 2015 年第 97 号	可按规定税前扣除；加计扣除时按照**研发活动发生费用的 80%** 作为加计扣除基数（受托方应向委托方提供该研发项目的费用支出明细情况）委托个人研发的，企业应凭个人出具的发票等合法有效凭证在企业所得税税前加计扣除	

（续表）

项目	依据	委托方	受托方
		可以加计扣除	不得再进行加计扣除
委托境外研发	财税〔2018〕64号	按照费用**实际发生额**的80%计入委托方的委托境外研发费用。委托境外研发费用不超过境内符合条件的研发费用三分之二的部分，可以按规定在企业所得税税前加计扣除	受托方应向委托方提供研发项目费用支出明细情况

2. 合作研发的税务规定

合作研发的税务规定见表5-22。

表5-22　合作研发的税务规定

项目	依据	具体规定
集中开发的项目	财税〔2010〕81号 国家税务总局公告2015年第97号 财税〔2015〕119号	（1）企业集团根据生产经营和科技开发的实际情况，对技术要求高、投资数额大，需要由集团公司进行集中开发的研究开发项目，其实际发生的研究开发费用，可以按照合理的分摊方法在受益集团成员公司间进行分摊 （2）企业集团采取合理分摊研究开发费用的，企业集团母公司负责编制集中研究开发项目的立项书、研究开发费用预算表、决算表和决算分摊表
企业共同合作开发的项目	财税〔2015〕119号	由合作各方就自身承担的研发费用分别按照规定计算加计扣除

【专家建议】

企业应当准确区分委托研发、合作研发、集中研发三种不同形式的研发方式，并按照税务要求保存好项目计划书、立项文件、委托合同等文件资料，在享受税收优惠的同时控制税务风险。

【风险提示】

委托方实际支付给受托方的费用，无论委托方是否享受研发费用税前加计扣除政策，受托方均不得加计扣除。委托方委托关联方开展研发活动的，受托方需向委托方提供研发过程中实际发生的研发项目费用支出明细情况。

四、内部管理业务税务管理

（一）办公场所置办的税务管理

办公场所是买还是租，哪个税负低？

【必备知识】

1. 购买办公场所涉及的税费

购买办公场所涉及的税费见表5-23。

表 5-23　购买办公场所涉及的税费

房屋买卖交易	买方		卖方	
	个人 房产买卖	单位 房产买卖	个人 房产买卖	单位 房产买卖
契税	☑	☑		
增值税			☑	☑
印花税	☑	☑	☑	☑
房产税		☑		
城镇土地使用税		☑		
土地增值税			☑	☑
企业所得税				☑
个人所得税			☑	
城市维护建设税			☑	☑
教育费附加			☑	☑
地方教育附加			☑	☑

2. 租赁办公场所涉及的税费

租赁办公场所涉及的税费见表 5-24。

表 5-24　租赁办公场所涉及的税费

房屋租赁交易	租入方		出租方	
	个人 房产出租	单位 房产出租	个人 房产出租	单位 房产出租
增值税			☑	☑
印花税	☑	☑	☑	☑
房产税				☑
城镇土地使用税				☑

房屋租赁交易	租入方		出租方	
	个人 房产出租	单位 房产出租	个人 房产出租	单位 房产出租
企业所得税				☑
个人所得税			☑	
城市维护建设费			☑	☑
教育费附加			☑	☑
地方教育附加			☑	☑

【专家建议】

企业办公场所的置办，主要涉及购买和租赁两种方式。从税务角度来看，两种方式涉及的税种和负担对象有较大差异。对于企业而言，办公场所是购买还是租赁，税务因素的影响并不是很大，但企业应当了解相关政策，做好相应预算和准备工作，在与出售方（出租方）的谈判中也能做到更加心中有数。

（二）人员费用的税务管理

企业选择人才的方式不同，税负也不同

【必备知识】

1. 个人所得税的代扣代缴

个人为企业提供服务，企业在支付报酬的同时有代扣代缴个人所得税的义务。服务方式的不同，适用的个人所得税税目就会不同，最常见的是工资、薪金，而劳务报酬、特许权使用费、其他收入等也经常出现。劳务报酬、稿酬、特许权使用费的个人所得税预扣标准见表5-25。

表5-25 劳务报酬、稿酬、特许权使用费的个人所得税预扣标准

项目	不超过 4 000 元	超过 4 000 元	预扣税率
劳务报酬	减除 800 元	减除费用按收入的 20% 计算	20%、30%、40% 三档
稿酬	减除 800 元	减除费用按收入的 20% 计算，并按应纳税额减征 30%	20%
特许权使用费		减除费用按收入的 20% 计算	20%

工资薪金的个人所得税计算方法稍微复杂一些，需要扣除"五险一金"个人部分（专项扣除）、专项附加扣除、其他扣除等，并按扣除后的金额套用7级税率计算个人所得税应纳税额。

（1）专项扣除：包括基本养老、基本医疗、失业保险等社会保险费及住房公积金。

（2）专项附加扣除：包括子女教育、继续教育、大病医疗、住房贷款利息、赡养老人等。

（3）其他扣除：包括企业年金、职业年金、个人购买商业

健康保险、税收递延型商业保险，以及养老保险支出等。

2. 如何区分工资薪金与劳务报酬

工资薪金与劳务报酬的混淆点见表5-26。

表5-26　工资薪金与劳务报酬的混淆点

项目	工资薪金	劳务报酬
组织免费培训班、研讨会、工作考察等形式	企业雇员享受的此类奖励，应与当期的工资薪金合并，按照"工资、薪金所得"项目征收个人所得税	其他人员享受的此类奖励，应作为当期的劳务收入，按照"劳务报酬所得"项目征收个人所得税。
佣金、奖励、劳务费	雇员为本企业提供非有形商品推销、代理等服务活动取得佣金、奖励和劳务费等名目的收入，无论该收入采用何种计取方法和支付方式，均应计入个人的工资、薪金所得	非本企业雇员为企业提供非有形商品推销、代理等服务活动取得的佣金、奖励和劳务费等名目的收入，无论该收入采用何种计取方法和支付方式，均应计入个人的劳务报酬所得
住房补贴、医疗补助等	企业以现金形式发给个人的住房补贴、医疗补助费，应全额计入领取人的当期工资、薪金收入计征个人所得税	
商业补充养老保险	单位为职工个人购买商业性补充养老保险等，在办理投保手续时应作为个人所得税的"工资、薪金所得"项目，按税法规定缴纳个人所得税；因各种原因退保，个人未取得实际收入的，已缴纳的个人所得税应予以退回	

（续表）

项目	工资薪金	劳务报酬
退休再任职	退休人员再任职取得的收入，在减除按个人所得税法规定的费用扣除标准后，按"工资、薪金所得"应税项目缴纳个人所得税	个人兼职取得的收入应按照"劳务报酬所得"应税项目缴纳个人所得税
灵活用工劳务派遣	企业因雇用季节工、临时工、实习生、返聘离退休人员以及接受外部劳务派遣用工所实际发生的费用，应区分为工资薪金支出和职工福利费支出，并按企业所得税法规定在企业所得税税前扣除。其中，属于工资薪金支出的，准予计入企业工资薪金总额的基数，作为计算其他各项相关费用扣除的依据	在校学生因参与勤工俭学活动（包括参与学校组织的勤工俭学活动）而取得属于个人所得税法规定的应税所得项目的所得，按劳务报酬所得，依法缴纳个人所得税

3. 邀请主播直播带货到底谁来纳税

邀请主播直播带货的纳税处理见表 5-27。

表 5-27　邀请主播直播带货的纳税处理

雇佣关系	外聘非本单位主播个人	外包主播设立的工作室	外包主播所属公司
业务流			
企业与个人签署劳动合同	企业与个人签署合作协议	企业与工作室签署合作协议	企业与外包公司签署合作协议

（续表）

雇佣关系	外聘非本单位主播个人	外包主播设立的工作室	外包主播所属公司
属于工资薪金所得，应按照7级累进制缴纳个人所得税	属于劳务报酬所得，应先预缴，年终并入综合所得税汇算清缴	属于经营所得，需要按照5级累进制缴纳个人所得税，还需要根据提供广播影视服务来缴纳增值税及附加税	属于企业业务收入，需要缴纳企业所得税、增值税及附加税
资金流			
收入款入企业对公账户；每月以工资结算至个人	打赏进入企业账户，由企业代扣代缴后结算给个人 注意：如果该打赏进入的是主播个人账户，则要作为偶然所得来计算个人所得税	收入款进入企业账户，按合同约定时间与工作室对公账户结算	收入款进入企业账户，按合同约定时间与指定对公账户结算

4. 让员工承诺按最低限缴纳社保合法吗

让员工承诺按最低限缴纳社保不合法。《中华人民共和国社会保险法》规定，用人单位应当自行申报、按时足额缴纳社会保险费，非因不可抗力等法定事由不得缓缴、减免。职工应当缴纳的社会保险费由用人单位代扣代缴，用人单位应当按月将缴纳社会保险费的明细情况告知本人。用人单位未按时足额缴纳社会保险费的，由社会保险费征收机构责令其限期缴纳或补足。当劳动者发现用人单位存在不规范做法时，可及时通过法律途径维护自身合法权益。

5.将现有员工转化成灵活用工的做法能合理节税吗

灵活用工正在成为企业需要的一种新型业态。灵活用工本身是合法合规的，其就业形式多种多样，实务中常见的包括非全日制、临时性、阶段性和弹性工作时间等。但是，企业为了逃避缴纳员工社保，或者为了达到避税的目的，不与员工签订劳动合同，只在形式上把正式员工转为临时员工，并不调整原实际用工场景，如依然沿用原来的固定坐班时间、工作地点、员工制度等，这种行为就是不合规的违法行为。

非全日制用工方法的利弊对比见表5-28。

表 5-28　非全日制用工方式的利弊对比

优势	劣势
双方随时可以终止合同，即使企业存在法定过错，非全日制员工提出解除劳动合同，企业也不用支付经济补偿	（1）工作时间短，财务结算压力较大，人员管控问题显著 （2）用人单位与非全日制员工建立劳动关系，无须签订书面劳动合同，可以只进行口头约定 （3）终止劳动合同无须提前通知
大大减少了企业用工潜藏的经济成本，用人单位可以随时终止与非全日制员工的劳动合同，无须提前通知，无须支付经济赔偿，也无须为非全日制员工缴纳除工伤保险外的社保	非全日制用工不具有唯一性，不约定试用期。非全日制用工的工资支付周期最长不得超过15日

【专家建议】

企业人员费用的税务管理主要涉及两个方面：一是企业人

员费用的所得税税前扣除；二是个人所得税的代扣代缴。那些企业支付的、与生产经营相关的、合理合法的人员支出，均可以在企业所得税税前扣除，但企业如果为了增加成本费用而虚构人员费用，则会面临很大的税务风险。很多企业为了降低员工的个人所得税和股东分红的个人所得税，采取了找发票报销、给亲戚发工资、签订虚假灵活用工协议等方式，这些方式都是税法所不允许的，会给企业和个人带来很大的税务风险。对于大部分以雇佣员工为主要用工方式的企业来说，个人所得税并没有太大的筹划空间。

【风险提示】

1. 企业管理者的个人费用经企业报销如何纳税

> 政策依据：《关于规范个人投资者个人所得税征收管理的通知》（财税〔2003〕158 号）
>
> 个人独资企业、合伙企业的个人投资者以企业资金为本人、家庭成员及其相关人员支付**与企业生产经营无关的消费性支出及购买汽车、住房等财产性支出，视为企业对个人投资者的利润分配，并入投资者个人的生产经营所得，依照"个体工商户的生产经营所得"项目计征个人所得税。**
>
> 除个人独资企业、合伙企业以外的其他企业的个人投资者，以企业资金为本人、家庭成员及其相关人员支付

> 与企业生产经营无关的消费性支出及购买汽车、住房等财产性支出，视为企业对个人投资者的红利分配，依照"利息、股息、红利所得"项目计征个人所得税。
>
> 企业的上述支出不允许在所得税前扣除。

2. 让员工以发票冲抵工资奖金的做法不可取

有些企业为了减少支出，让员工以发票冲抵部分工资和奖金，同时也让员工少交了个人所得税，这种处理方式是存在很大风险的，具体见表5-29。

表 5-29　让员工以发票冲抵工资奖金的税务风险

企业风险	员工风险
扣缴义务人违反规定应扣未扣、应收未收税款的，税务机关除按规定对其给予处罚外，应当责成扣缴义务人限期将应扣未扣、应收未收的税款补扣或补收	影响社会保障待遇，包括五险一金、加班费等。一旦发生劳动争议，在认定实际的月工资标准时，如果没有相应证据，员工获胜的难度很大
扣缴义务人不缴或者少缴已扣、已收税款，由税务机关追缴其不缴或者少缴的税款、滞纳金，并处不缴或者少缴的税款百分之五十以上五倍以下的罚款；构成犯罪的，依法追究刑事责任	工伤仲裁完税证明上显示的员工收入会比实际情况低很多，相应的赔偿也会减少
用人单位向社会保险经办机构申报应缴纳的社会保险费数额时，瞒报工资总额或者员工人数的，由劳动保障行政部门责令改正，并处瞒报工资数额一倍以上三倍以下的罚款	需要证明自己的收入状况时，如出国、购房、贷款、买车等，均会受到影响

【案例】

甲公司给异地的陈先生报销一笔交通费，金额为 2 000 元，正确的财税处理如图 5-9 所示。

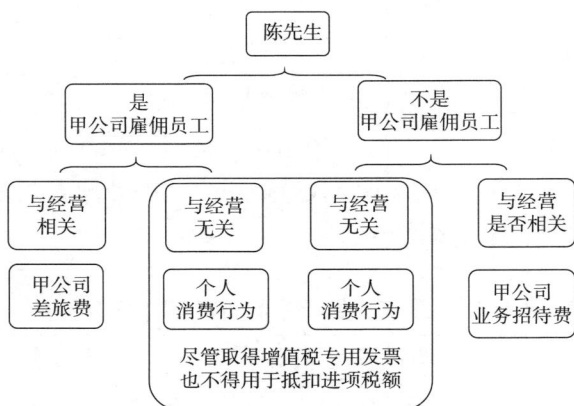

图 5-9　报销异地交通费的财税处理

（三）关联业务的税务管理

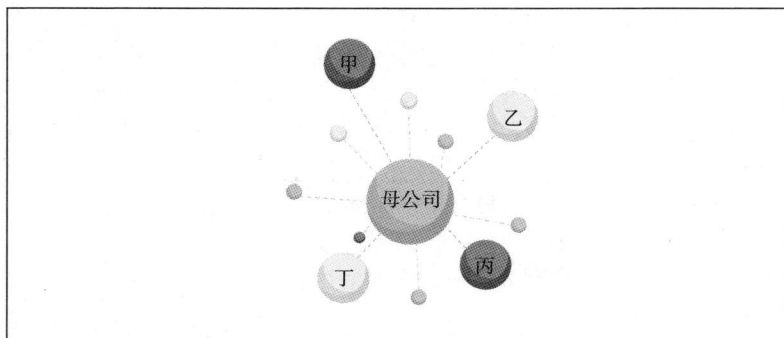

【必备知识】

1. 企业关联关系有哪些

企业会计关联关系见表 5-30。

表 5-30　企业会计关联关系

构成企业的关联方	不构成企业的关联方
（1）该企业的**母公司** （2）该企业的**子公司** （3）与该企业受**同一母公司控制的其他企业** （4）对该企业实施**共同控制**的投资方 （5）对该企业施加**重大影响**的投资方 （6）该企业的**合营企业** （7）该企业的**联营企业** （8）该企业的主要投资者个人及与其关系密切的**家庭成员**。主要投资者个人，是指能够控制、共同控制一个企业或者对一个企业施加重大影响的个人投资者 （9）该企业或其母公司的**关键管理人员**及与其关系**密切的家庭成员**。关键管理人员，是指有权力并负责计划、指挥和控制企业活动的人员。与主要投资者个人或关键管理人员关系密切的家庭成员，是指在处理与企业的交易时可能影响该个人或受该个人影响的家庭成员 （10）该企业主要投资者个人、关键管理人员或与其关系密切的家庭成员控制、共同控制或施加重大影响的其他企业	（1）与该企业发生日常往来的**资金提供者**、公用事业部门、政府部门和机构 （2）与该企业发生**大量交易**而存在经济依存关系的**单个客户**、**供应商**、**特许商**、**经销商或代理商** （3）与该企业共同控制合营企业的**合营者** （4）仅仅同受国家控制而不存在其他关联方关系的企业

上述关系下关联方之间转移资源、劳务或义务的行为，无论是否收取价款都属于关联交易。

企业与其他企业、组织或者个人具有表 5-31 所列关系之一的，构成税法关联关系。

表 5-31　企业税法关联关系

持股＞ 25%	持股≤ 25%	
持股比例合并计算	**借款≥ 50%**	**控制因素**
（1）一方直接或者间接持有另一方的股份总和达到 25% 以上双方直接或者间接同为第三方所持有的股份达到 25% 以上	（2）双方之间借贷资金总额占任一方实收资本比例达到 50% 以上，或者一方全部借贷资金总额的 10% 以上由另一方担保（与独立金融机构之间的借贷或者担保除外）	（3）一方的生产经营活动必须由另一方提供专利权、非专利技术、商标权、著作权等特许权才能正常进行（4）一方的购买、销售、接受劳务、提供劳务等经营活动由另一方控制
任命或者委派	**亲属关系**	**利益关系**
（5）一方半数以上董事或者半数以上高级管理人员（包括上市公司董事会秘书、经理、副经理、财务负责人和公司章程规定的其他人员）由另一方任命或者委派，或者同时担任另一方的董事或者高级管理人员；或者双方各自半数以上董事或者半数以上高级管理人员同为第三方任命或者委派	（6）具有夫妻、直系血亲、兄弟姐妹以及其他抚养、赡养关系的两个自然人分别与双方具有本表第（1）至（5）项关系之一	（7）双方在实质上具有其他共同利益

2. 关联交易的"独立交易"原则

根据《中华人民共和国税收征收管理法》第三十六条，企业或者外国企业在中国境内设立的从事生产、经营的机构、场所与其关联企业之间的业务往来，应当按照独立企业之间的业务往来收取或者支付价款、费用；不按照独立企业之间的业务往来收取或者支付价款、费用，而减少其应纳税的收入或者所得额的，税务机关有权进行合理调整。

【专家建议】

集团企业在设立子公司时，往往较多考虑供应链、消费偏好、人力资源成本等市场因素，容易忽视对集团内部关联交易的定价考量。一旦关联交易双方存在适用税率不同或者一方亏损、另一方盈利等情况，而关联交易的定价又不公允，税务机关将有权对企业收入进行调整。此外，企业集团在开展关联交易时，还应注重对合同等要件的管理。企业财务人员也要做好关联交易的跟踪管理，准确把握增值税和企业所得税的纳税义务发生时间，避免出现因合同缺失导致纳税义务发生时间与交易时间的错位。

【风险提示】

通过关联交易进行纳税筹划是很多企业的选择，但应当注意不能违反"独立交易"原则。母子公司职能不清、"一套人马，两套牌子"、费用分摊不清晰等问题，都会给企业带来税务风险。

【案例】

M 公司仅有 K 公司一家客户，多年来毛利率均维持在 5%~6%，因此，企业整体税负较低。对此，集团财务总监解释称，M 公司作为生产基地向母公司供货，不需要承担研发失败和市场波动等外部风险，作为单一职能的生产商，获得 6% 左右的利润是合理的。

通过异地情报查询，税务人员获取了 K 公司的相关财务信息和申报数据。资料显示，K 公司为高新技术企业，享受 15% 的企业所得税税率优惠，且整机再销售业务的毛利率高达 70% 以上。而 M 公司不享受任何企业所得税优惠，适用 25% 的企业所得税税率。因此，K 公司与 M 公司存在企业所得税税负差。税务机关进一步调查后，确认 M 公司向 K 公司销售整机定价偏低，应按照独立交易原则，对 M 公司的收入进行调整。

第六章

纳税筹划——向税务管理要效益

　　企业要规范自身的纳税行为，依法纳税。在此基础上，企业可以对经营业务进行筹划，在合法合规的前提下降低税负。企业进行纳税筹划时要守住税收法律红线，切不可贪得无厌。

一、纳税筹划思维构建

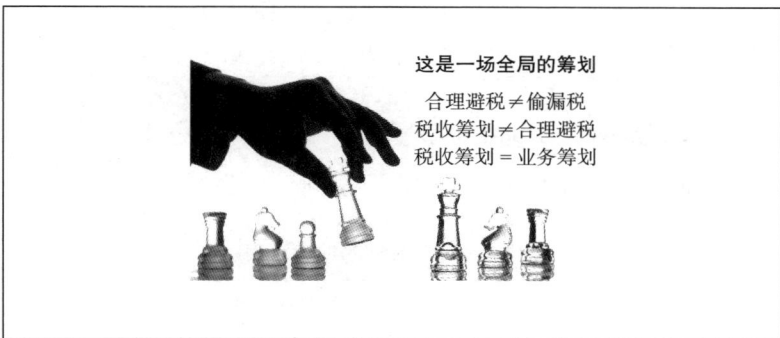

这是一场全局的筹划

合理避税 ≠ 偷漏税
税收筹划 ≠ 合理避税
税收筹划 = 业务筹划

【必备知识】

　　1. 纳税筹划与偷税的区别

　　"合法性"是纳税筹划与偷税的根本区别。纳税筹划一定是合法的，如果不合法，就是偷税。纳税筹划与偷税的具体区别见表 6-1。

表 6-1　纳税筹划与偷税的区别

	纳税筹划	偷税
概念	纳税筹划是指通过对涉税业务进行策划，制作一整套完整的纳税操作方案，从而达到节税的目的	偷税是指纳税人故意违反税收法规，采用欺骗、隐瞒等方式逃避纳税的违法行为。如企业为了少缴纳或不缴纳应纳税款，有意少报、瞒报应税项目、销售收入和经营利润；有意虚增成本、乱摊费用，缩小应税所得额；转移财产、收入和利润；伪造、涂改、销毁账册票据或记账凭证。偷税损害了国家利益，触犯了国家法律，情节严重的构成偷税罪
目的	在合法的前提下进行筹划，降低企业税负	利益驱动，违反税法规定不纳税或者少纳税
重心	业务事前筹划	使用明令禁止的偷税手段
风险	涉税零风险	违法行为，会受到严惩

2. 纳税筹划一个都不能少

企业进行纳税筹划应注意以下事项，见表 6-2。

表 6-2　纳税筹划的注意事项

事项	具体内容
经营合法	不违反税收相关法规，以及公司法、会计法、资产评估法、会计准则等
应享尽享	优惠政策、国家地方扶持政策要用足
业务真实	有买、有卖、有产品（服务）、有工厂、有运输、有资金、有业务操作流程与规范等，最终形成四流（合同流、货物流、发票流、资金流）统一的证据链条 预警：背离业务、歪曲事实就是偷税

（续表）

事项	具体内容		
事前预见	事前合理安排交易行为、优化业务流程，可以实现节税空间最大化；业务一旦执行完毕，事后再筹划，基本没有空间		
监察底线	企业内部资料	财务报表、申报资料、审计资料、自查资料、年报、半年报资料、举报资料	
		企业产能、能耗、人员安排、工序流程、营销方案等非财务资料	
		关联关系及交易行为资料	
	税务稽查资料	发票认证及真伪查询资料、进销项统计表、发票原件及电子档案	
		稽查报告、评估报告	
		金税系统各类关联数据	
	第三方资料	房产、土地、环保资料	
		财产转让信息	
		招标采购资料	
		诉讼资料	
		水电气耗用	
		企业对外披露及对外媒介资料	
筹划基本模式	税额式	指纳税人通过直接减少应纳税额的方法来减少自身的税收负担，如利用减税、免税、免征额、起征点等政策 应用：新设、分立企业的纳税筹划	
	税基式	指纳税人通过缩小计税基础的方式来减轻纳税人义务和税收负担的行为，如改变存货计价法、合理费用分摊法、资产租赁法、折旧计算法，以降低应纳税所得额	

（续表）

事项		具体内容
筹划基本模式	税率式	指纳税人利用税法规定的高低不同的税率来减轻税负，如价格转移纳税筹划、选择低税率行业和选择低税率地区进行投资
	转嫁税负	主要分为前转（消费者承担）、后转（生产者或销售商承担）、消转（自行消化改善经营或技术）、税收资本化（从购入价款中扣除）、转给他人

3.企业在不同生命周期下的纳税筹划

企业在不同生命周期下的纳税筹划见表6-3。

【专家建议】

纳税筹划前，企业应弄清纳税筹划的合法性、政策导向性、目的性、专业性和时效性等特点。（1）纳税筹划的合法性是纳税筹划最基本的特点，具体表现在纳税筹划运用的手段是符合现行税收政策的，与现行国家税收法律、法规不冲突，而不是采用隐瞒、欺骗等违法手段实现的。（2）国家通过税收优惠政策，多征或减征税收，引导纳税人采取符合政策导向的行为，以实现国家宏观经济调整或治理社会的目的。企业纳税筹划也应该向国家引导的方向去努力。（3）企业进行纳税筹划，其选择和安排都应围绕着企业的经济利益进行。企业不应当为了获取节税的利益而损害其他方面的利益。（4）纳税筹划是纳税人对税法的能动运用，是一项专业技术性很强的策划活动，企业自身能力不足时，可聘请专业机构协助。（5）国家的税收政策处于

表 6-3 企业在不同生命周期下的纳税筹划

生命周期	初创期	成长期	成熟期	衰退期
特点	渗透市场 【技术创新】	开拓市场 【市场份额】	效益制胜 【降本增效】	命运转型 【投资回报】
纳税筹划方法	投资地点选择 投资方向选择 组织形式选择 机构设立选择 资本结构选择 投资回收期选择	生产经营中运营流程环节设计 生产经营中成本费用决策 生产经营中收入投入决策 包装方式的纳税筹划 兼营行为的纳税筹划 转移定价方式的纳税筹划 租售减税方式的纳税筹划 融资决策的纳税筹划	分支机构选择决策 合理延迟的纳税筹划 跨国经营的纳税筹划 特殊销售方式的纳税筹划 利润分配纳税决策 合理薪酬发放决策 资产收购税务决策	分子公司互换的纳税筹划 合并分立的纳税筹划 调整清算日的纳税筹划 企业改制的纳税筹划 资产收购的纳税筹划 股权收购的纳税筹划 债务重组的纳税筹划

不断变化的过程中，企业的纳税筹划方案也要随之调整变化。

【风险提示】

纳税筹划不能贪得无厌。一些企业对纳税筹划有着不切实际的幻想，希望通过筹划能够少交 50% 甚至 80% 以上的税，而在某些所谓的纳税筹划机构的广告中，也给了企业这种承诺。企业应当警惕这种"天上掉馅饼"的事情，避免纳税筹划变成偷税。

二、融资业务纳税筹划

【必备知识】

1. 企业资本结构调整的纳税筹划

债券融资与股权融资的对比见表 6-4。

表 6-4　债权融资与股权融资的对比

项目	债权融资	股权融资
融资方式	银行贷款或其他方式举债	股东"增资"，或引进新的股东
风险预警	偿还资金的本金和利息	可能导致股份稀释

（续表）

项目	债权融资	股权融资
经营管理	无权参与企业的经营决策	股东一般有表决权，可以通过参加股东大会选举董事，参与企业重大事项的审议与表决
涉税影响	利息允许税前扣除	分红双重纳税。企业以税后利润给股东分红，事先需要缴纳企业所得税。股东是自然人，收到分红款后应当缴纳20%的个人所得税
筹划思路	增加债务，减少股东投入，利息可在税前扣除，从而降低企业所得税税负	

2. 外部资金借贷的纳税筹划

外部资金借贷的纳税筹划见表6-5。

表6-5　外部资金借贷的纳税筹划

资金借贷的方式和利息支出的税前扣除规定	企业向自然人借款的利息支出	利息支出在不超过按照金融企业同期同类贷款利率计算的数额的部分准予扣除
	企业投资者投资未到位而发生的利息支出	凡企业投资者在规定期限内未缴足其应缴资本额的，该企业对外借款所发生的利息，相当于投资者实缴资本额与在规定期限内应缴资本额的差额应计付的利息，其不属于企业合理的支出，应由企业投资者负担，不得在计算企业应纳税所得额时扣除 企业每一计算期不得扣除的借款利息＝该期间借款利息额×该期间未缴足注册资本额÷该期间借款额

（续表）

资金借贷的方式和利息支出的税前扣除规定	企业向金融机构借款的利息支出	非金融企业向金融企业借款的利息支出、金融企业的各项存款利息支出和同业拆借利息支出、企业经批准发行债券的利息支出，准予税前扣除
	企业向非金融机构借款的利息支出	非金融企业向非金融企业借款的利息支出，不超过按照金融企业同期同类贷款利率计算的数额的部分，准予税前扣除
筹划思路	选择借款人身份，控制借贷金额	

3. 关联企业融资的纳税筹划

关联企业融资的纳税筹划见表 6-6。

表 6-6　关联企业融资的纳税筹划

关联企业融资税前扣除规定	企业实际支付给关联方的利息支出	政策依据：财税〔2008〕121 号财政部 国家税务总局关于企业关联方利息支出税前扣除标准有关税收政策问题的通知 不超过以下规定比例和税法及其实施条例有关规定计算的部分，准予扣除，超过的部分不得在发生当期和以后年度扣除 （1）金融企业，为 5∶1 （2）其他企业，为 2∶1
	统借统还	企业集团或企业集团中的核心企业以发行债券形式取得资金后，直接或委托企业集团所属财务公司开展统借统还业务时，按不高于债券票面利率水平向企业集团或集团内下属单位收取的利息，不征收增值税
筹划思路	对关联方之间的利息支出"合理定价"	

统借统还示意图如图 6-1 所示。

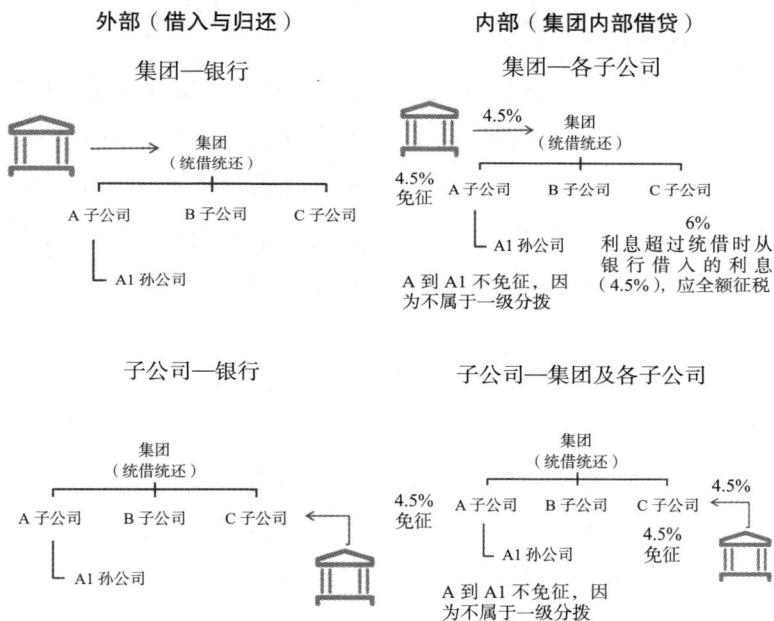

外部（借入与归还）

集团—银行

集团（统借统还）

A 子公司　B 子公司　C 子公司

A1 孙公司

内部（集团内部借贷）

集团—各子公司

4.5%
集团（统借统还）

4.5%
免征

A 子公司　B 子公司　C 子公司

A1 孙公司

6%
利息超过统借时从银行借入的利息（4.5%），应全额征税

A 到 A1 不免征，因为不属于一级分拨

子公司—银行

集团（统借统还）

A 子公司　B 子公司　C 子公司

A1 孙公司

4.5%
免征

子公司—集团及各子公司

集团（统借统还）

A 子公司　B 子公司　C 子公司

A1 孙公司

4.5%
免征

4.5%

4.5%
免征

A 到 A1 不免征，因为不属于一级分拨

图 6-1　统借统还示意图

【专家建议】

不同的融资方式不仅影响着企业的股权结构和资本结构，也影响着企业的税收负担。

初创期企业销售额偏低，利润微薄甚至亏损。该阶段企业应以立足市场为目标，"保生存"的同时锻造自身信用等级、铸造竞争壁垒。在这一时期，资金呈现出融资间隔短、融资金额少、资金需求紧急、募资频率较高的特征，多投向办公、工资、原料采购、市场推广等。资金多来源于股权投资、天使投资人、银行贷款、孵化平台、众筹等。

企业经营中的借款利息支出按所得税法规定符合条件的准予在计算应纳税所得额时扣除。如果借款用于购置固定资产、无形资产等，可以作为资本性支出计入资产成本，不予扣除。因此，企业要根据实际情况，综合考虑资金用途及资本结构、财务成本，匹配最佳融资方式。如果自建的固定资产因非正常原因中断，则借款费用不可计入固定资产，而应计入当期费用直接扣除。如果企业正处于免税期、亏损期间或可以一直延续弥补以前年度损失时，借款费用予以资本化对企业有利，可以递延利息资本化的时间。当企业步入盈利期，企业因前期增加了固定资产而形成折旧，折旧计入企业的成本费用将影响企业的利润，从而达到成本费用在企业所得税税前扣除的目的。

三、采购业务纳税筹划

【必备知识】

1. 甄选供应商降低税负

企业从增值税一般纳税人处采购货物可以开具增值税专用发票抵扣进项税额，但单价较高；从增值税小规模纳税人处采购货物只能开具增值税普通发票，无法抵扣所包含的增值税。企业可通过简单的公式来分析判断该选用哪种供应商。

小规模纳税人购货单价 = 一般纳税人购货单价−可以抵扣的进项税额

令小规模纳税人购货单价为 X，一般纳税人购货单价为 Y，上述恒等式就演变成：

$$X = Y - Y \div （1+13\%） \times 13\%$$

$$Y = 平衡点\ 1.15 \times X$$

结论：当实际进货价格高于此标准时，小规模纳税人采购货物的增值税负担较轻。

2. 机器设备代替人工的纳税筹划

假设企业 A 项目经测算有 100 万元支出可用于购置机器设备或招聘员工，两个方案的纳税筹划效果对比见表 6-7。

表 6-7　购置机器设备和招聘员工的纳税筹划效果对比

维度	项目	购置机器设备	招聘员工
管理维度	竞争压力	固定资产增加表示企业技术水平上升	人力成本不断增加会加大企业经营压力
	对报表影响	• 现金流减少 • 资产增加	• 现金流减少 • 分期影响当期损益
	生产效率	高	低
	残次品率	低	高
	前置成本	无	上岗前培训
	购置成本	设备支出	人力支出
	后续成本	维修保养费	• 残次废品成本 • 再教育文化建设
涉税维度	增值税进项税额	增值税进项税额可以抵扣	无

（续表）

维度	项目	购置机器设备	招聘员工
涉税维度	企业所得税	定期折旧可以递延纳税	人力成本费用化处理计入当期损益，当期纳税少，但以后年度企业所得税负担无法缓解
	个人所得税	无	有

3. 招标报价的纳税筹划

招标报价的纳税筹划见表 6-8。

表 6-8　招标报价的纳税筹划

步骤	筹划思路
第一步了解业务、纳税人身份及关注点	 一般纳税人（需要抵扣、不用抵扣）　非一般纳税人（不用抵扣） 增加留抵、加计扣除 简易计税 目的：抵扣　关注点：不含税报价 目的：不抵扣　关注点：含税报价 进行税额（采购材料、分包、间接费用等）占含税造价的 7% 以上，给业主开具 9% 税率的发票有利，反之应开具 3% 税率的发票目的：有利于建筑企业增加利润或降低报价提高中标概率
第二步计税标准	• 工程造价 = 税前工程造价 ×（1+9%） • 税前建筑工程报价 = 不含增值税的材料设备费用 + 不含增值税的施工机具使用费 + 不含增值税的人工费用 + 不含增值税的管理费用和规费 + 合理利润 • EPC 建筑工程报价 =（不含增值税的设计费用 + 不含增值税的设备费用 + 不含增值税的建筑安装费用 + 合理利润）+ 不含增值税的设计费用 ×6%+ 不含增值税的设备费用 ×13%+ 不含增值税的建筑安装费用 ×9% • 非 EPC 建筑工程报价 = 税前建筑工程报价 + 税前建筑工程报价 ×9%

（续表）

步骤	筹划思路
第三步 投标报价、测算	• 建筑企业选择增值税计税方法时应针对项目而非针对企业。有的项目可以选择一般计税方法，有的项目可以选择简易计税方法，但一个项目只能选择一种增值税计税方法，且一经选择，36 个月内不得变更 • 增值税计税方法必须与招标文件的实际条款保持一致，与工程造价的计税方法相匹配

【专家建议】

　　企业采购业务的纳税筹划应重点关注与采购相关的增值税进项税额的抵扣问题。在供应商的选择方面，一般纳税人和普通纳税人会因发票类型不同而带来增值税能否抵扣的问题，这就需要企业综合考虑价格和增值税进项税额的平衡。而更新设备和雇佣人工的纳税筹划更为复杂，企业不仅要考虑纳税金额的问题，更要考虑技术、产品、人员等多方面的因素。纳税筹划永远不是独立的，必然会和企业的管理决策联系在一起。企业需要综合考虑业务筹划带来的各种影响，对纳税的影响只是其中之一。

四、销售业务纳税筹划

"分灶吃饭"的纳税筹划技巧

设立子公司负责拓展市场，涉税考量要周全。

【必备知识】

1. 销售部独立为销售公司的纳税筹划

销售部的主要工作内容如图 6-2 所示。

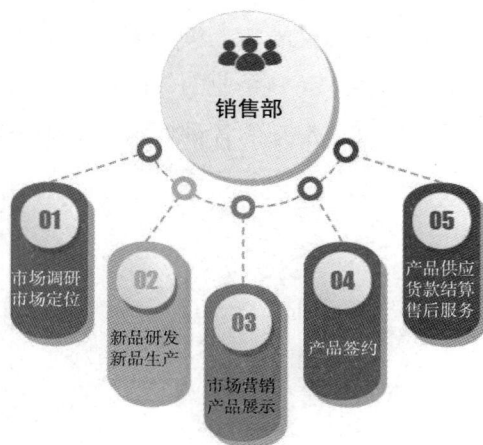

图 6-2　销售部的工作内容

销售部独立为销售公司的纳税筹划见表 6-9。

表 6-9　销售部独立为销售公司的纳税筹划

步骤	思路	举例
业务识别筹划：识别销售及销售成果实现流程	广告费和业务宣传费的税前扣除是有限额的，为当期销售收入的15%。对于依靠广告拉动销售的企业，设立销售公司就十分有必要，不仅生产企业可以做广告，销售公司也可以做广告，双方各自按照15%的限额扣除，费用前税前扣除比例几乎增加了一倍	一般销售业务包括市场调查、市场分析、生产决策、市场定位、新产品的研发、新产品的生产、营销策划、品牌推广、市场宣传、产品展示、洽谈签约、产品供应、发货运输、货款结算等多个环节。这些流程作业之间既相互联系又各自独立。设立独立的销售公司，使其作为独立的运营团队存在，这一做法必须基于业务真实，不能让销售公司沦为强行避税的空壳公司。实务中常见的广告传媒公司、广告制作公司、品牌策划公司、信息技术公司、商务咨询公司、物流公司、售后服务公司……其销售业务置于公司内部，无法形成独立的资金流和交易行为，独立出来的销售公司则可以提供长期而稳定的资金流，等于单独设立了一个新的融资平台。在某些特殊行业，设立销售公司可以达到少缴一种税、独立享受税收政策扶持、独立享受小微企业税收优惠的目的

2. 关联企业定价的纳税筹划

集团企业通过关联企业交易定价的纳税筹划，可以从整体降低企业税负。具体见表 6-10。

表 6-10　关联企业定价的纳税筹划

思路		举例
关联企业间行为	关联定价要符合独立交易原则	独立交易原则，是指没有关联关系的交易各方，按照公平成交价格和营业常规进行业务往来遵循的原则；企业与其关联方之间的业务往来，不符合独立交易原则而减少企业或者其关联方应纳税收入或者所得额的，税务机关有权按照合理方法调整
	关联企业借款利息税前扣除	企业向股东或其他与企业有关联关系的自然人借款的利息支出，符合条件的，可在企业所得税税前扣除。企业可利用这条规定进行纳税筹划
	总分机构汇总纳税	（1）根据国家税务总局公告 2012 年第 57 号的规定，汇总纳税企业实行"统一计算、分级管理、就地预缴、汇总清算、财政调库"的企业所得税征收管理办法。 （2）总机构按以下公式计算分摊税款： 总机构分摊税款 = 汇总纳税企业当期应纳所得税额 × 50% 总机构应按照上年度分支机构的营业收入、职工薪酬和资产总额三个因素计算各分支机构分摊所得税款的比例；三级及以下分支机构，其营业收入、职工薪酬和资产总额统一计入二级分支机构；三个因素的权重依次为 0.35、0.35、0.30 （3）某分支机构分摊比例 =（该分支机构营业收入 / 各分支机构营业收入之和）× 0.35+（该分支机构职工薪酬 / 各分支机构职工薪酬之和）× 0.35+（该分支机构资产总额 / 各分支机构资产总额之和）× 0.30 符合条件的企业可选择是否汇总纳税进行纳税筹划

3. 广告宣传费的纳税筹划

税法规定，在企业所得税税前扣除中，广告费（利用媒介）和业务宣传费（未通过媒介）是有限额的。

广告宣传费的纳税筹划见表 6-11。

表 6-11　广告宣传费的纳税筹划

一般企业	企业发生的符合条件的广告费和业务宣传费支出，除国务院财政、税务主管部门另有规定外，不超过当年销售（营业）收入15%的部分，准予在当年税前扣除；超过部分，准予在以后纳税年度结转扣除
特殊企业	化妆品制造或销售、医药制造和饮料制造（不含酒类制造）企业发生的广告费和业务宣传费支出，不超过当年销售（营业）收入30%的部分，准予在当年税前扣除；超过部分，准予在以后纳税年度结转扣除 期限：2021年1月1日起至2025年12月31日止执行
	烟草企业的烟草广告费和业务宣传费支出，一律不得在计算应纳税所得额时扣除 期限：2021年1月1日起至2025年12月31日止执行
关联企业广告费的分摊扣除	
一般企业	签订广告费和业务宣传费分摊协议的关联企业，其中一方发生的不超过当年销售（营业）收入税前扣除限额比例内的广告费和业务宣传费支出可以在本企业扣除，也可以将其中的部分或全部按照分摊协议归集至另一方扣除。另一方在计算本企业广告费和业务宣传费支出企业所得税税前扣除限额时，可将按照上述办法归集至本企业的广告费和业务宣传费不计算在内
采取特许经营模式的饮料制造企业	由饮料品牌持有方或管理方授权品牌使用方在指定地区生产及销售其产成品，并将可以由双方共同为该品牌产品承担的广告费及业务宣传费用统一归集至品牌持有方或管理方承担的营业模式，饮料品牌使用方发生的不超过当年销售（营业）收入30%的广告费和业务宣传费支出可以在本企业扣除，也可以将其中的部分或全部归集至饮料品牌持有方或管理方，由饮料品牌持有方或管理方作为销售费用据实在企业所得税前扣除

【专家建议】

由于国家对不同地区、不同行业在不同时期有不同的税收优惠政策，这就给企业带来了纳税筹划的空间。尤其是对于集团企业来说，通过机构设立、关联交易定价、汇总纳税、费用分摊等方式进行纳税筹划，能够在一定程度上降低税负。此外企业在进行纳税筹划时，还应当同时考虑相应的成本和风险。例如，设立销售机构可以增加收入基数，增加广告宣传费的税前扣除额度，但同时可能会增加人员费用和管理费用，操作不当也可能会带来偷税的风险。

【案例】

甲企业为打开市场，计划通过大规模铺货的方式提升市场占有率，销售合同约定的结算方式一律为"直接收款方式销售货物"，但实际的开票时间与收款时间至少间隔60~90天，造成企业垫付大笔税款。甲企业通过纳税筹划重新优化了合同的结算方式，不同客户匹配不同的销售方式，给予不同的销售激励，有效解决了垫付税款的问题。具体筹划方法见下表。

客户分析		结算方式	纳税时间筹划	现金流筹划
1类客户	支付能力极强	直接收款方式销售货物	收款或开票当天	折扣销售方式
2类客户	信用等级良好	赊销或分期收款方式销售货物	合同约定收款日，无法收款需要及时修改合同	现金折扣方式 $2/10,1/20,n/30$

（续表）

客户分析		结算方式	纳税时间筹划	现金流筹划
3 类客户	渠道布局力强	委托代销方式销售货物	代销清单结算日；未收到代销清单180 天视同销售	代销清单结算日；未收到代销清单在合同约定实际退货；或按月清点撤回货品
4 类客户	供不应求时	预收款方式销售	货物发出当天	实际收到预收款之日起的 7 个工作日内结算

五、投资业务纳税筹划

【必备知识】

1. 利用创业投资企业和天使投资个人投资的纳税筹划

利用创业投资企业和天使投资个人投资的纳税筹划见表 6-12。

表 6-12　利用创业投资企业和天使投资个人投资的纳税筹划

投资企业	被投企业	投资方式	条件	优惠政策
公司制创业投资企业	直接投资于种子期、初创期科技型企业	股权投资	满2年	创业投资企业：可以按照投资额的70%在股权持有满2年的当年抵扣该公司制创业投资企业的应纳税所得额；当年不足抵扣的，可以在以后纳税年度结转抵扣
有限合伙制创业投资企业	初创科技型企业			法人合伙人：可以按照对初创科技型企业投资额的70%抵扣法人合伙人从合伙创投企业分得的所得；当年不足抵扣的，可以在以后纳税年度结转抵扣
				个人合伙人：可以按照对初创科技型企业投资额的70%抵扣个人合伙人从合伙创投企业分得的经营所得；当年不足抵扣的，可以在以后纳税年度结转抵扣
天使投资个人				天使投资个人：可以按照投资额的70%抵扣转让该初创科技型企业股权取得的应纳税所得额；当期不足抵扣的，可以在以后取得转让该初创科技型企业股权的应纳税所得额时结转抵扣
				天使投资个人投资多个初创科技型企业的，其中办理注销清算的初创科技型企业，天使投资个人对其投资额的70%尚未抵扣完的，可自注销清算之日起36个月内抵扣天使投资个人转让其他初创科技型企业股权取得的应纳税所得额

2. 企业撤回或减少投资和个人终止投资经营的纳税筹划

企业撤回或减少投资和个人终止投资经营的纳税筹划见表 6-13。

表 6-13　企业撤回或减少投资和个人终止投资经营的纳税筹划

业务类型	政策规定
企业撤回或减少投资	国家税务总局 2011 年第 34 号公告　国家税务总局关于企业所得税若干问题的公告 投资企业从被投资企业撤回或减少投资，其取得的资产中，相当于初始出资的部分，应确认为投资收回；相当于被投资企业累计未分配利润和累计盈余公积按减少实收资本比例计算的部分，应确认为股息所得；其余部分确认为投资资产转让所得
个人终止投资经营收回款项	国家税务总局 2011 年第 41 号公告　国家税务总局关于个人终止投资经营回收款项征收个人所得税问题的公告 个人因各种原因终止投资、联营、经营合作等行为，从被投资企业或合作项目、被投资企业的其他投资者以及合作项目的经营合作人取得股权转让收入、违约金、补偿金、赔偿金及以其他名目收回的款项等，均属于个人所得税应税收入，应按照"财产转让所得"项目适用的规定计算缴纳个人所得税 应纳税所得额的计算公式如下： 应纳税所得额 = 个人取得的股权转让收入、违约金、补偿金、赔偿金及以其他名目收回款项合计数 - 原实际出资额（投入额）及相关税费
企业股权转让	国税函〔2010〕79 号　关于股权转让所得确认和计算问题 企业转让股权收入，应于转让协议生效且完成股权变更手续时，确认收入的实现。转让股权收入扣除为取得该股权所发生的成本后，为股权转让所得。企业在计算股权转让所得时，不得扣除被投资企业未分配利润等股东留存收益中按该项股权所可能分配的金额

（续表）

业务类型	政策规定
投资获利	国税函〔2010〕79 号　关于股息、红利等权益性投资收益收入确认问题 　　企业权益性投资取得股息、红利等收入，应以被投资企业股东会或股东大会作出利润分配或转股决定的日期，确定收入的实现 　　被投资企业将股权（票）溢价所形成的资本公积转为股本的，不作为投资方企业的股息、红利收入，投资方企业也不得增加该项长期投资的计税基础

3. 企业重组与特殊业务的纳税筹划

企业重组与特殊业务的纳税筹划见表 6-14。

表 6-14　企业重组与特殊业务的纳税筹划

税种	政策规定
增值税	国家税务总局 2011 年第 13 号公告　国家税务总局关于纳税人资产重组有关增值税问题的公告 　　纳税人在资产重组过程中，通过合并、分立、出售、置换等方式，将全部或者部分实物资产以及与其相关联的债权、负债和劳动力一并转让给其他单位和个人，不属于增值税的征税范围，其中涉及的货物转让，不征收增值税
契税	财税〔2012〕4 号　关于企业事业单位改制重组契税政策的通知 　　国有控股公司以部分资产投资组建新公司，且该国有控股公司占新公司股份超过 85% 的，对新公司承受该国有控股公司土地、房屋权属，免征契税 国家税务总局 2012 年第 55 号公告　国家税务总局关于纳税人资产重组增值税留抵税额处理有关问题的公告

（续表）

税种	政策规定	
契税	增值税一般纳税人（以下称"原纳税人"）在资产重组过程中，将全部资产、负债和劳动力一并转让给其他增值税一般纳税人（以下称"新纳税人"），并按程序办理注销登记的，其在办理注销登记前尚未抵扣的进项税额可结转至新纳税人处继续抵扣	
土地增值税	财政部 税务总局 2021 年第 21 号公告　财政部 税务总局关于继续实施企业改制重组有关土地增值税政策的公告 自 2021 年 1 月 1 日至 2023 年 12 月 31 日，对改制前的企业将国有土地使用权、地上的建筑物及其附着物（以下称房地产）转移、变更到改制后的企业，暂不征土地增值税（改制重组有关土地增值税政策不适用于房地产转移任意一方为房地产开发企业的情形）	
企业所得税	一般性税务处理	特殊性税务处理
	当期纳税（重组发生时根据发生的收入和支出计算计税基础） （1）收购企业：按公允价值确定接受资产和股权的计税 （2）目标企业：确认转让资产或股权的所得和损失	采用递延纳税（发生涉税行为不缴纳，企业再次发生产权转移时再缴纳），同时符合下列条件： （1）具有合理的商业目的，且不以减少、免除或者推迟缴纳税款为主要目的 （2）被收购、合并或分立部分的资产或股权比例符合本通知规定的比例 （3）企业重组后的连续 12 个月内不改变重组资产原来的实质性经营活动 （4）重组交易对价中涉及股权支付金额符合本通知规定比例 （5）企业重组中取得股权支付的原主要股东，在重组后连续 12 个月内，不得转让所取得的股权

【专家建议】

企业进行投资时，可选择的投资方式、投资组织形式、投资地点、投资行业或方向具有多样性，而不同的投资方式、组织形式、投资地点、投资行业或方向的税收待遇也各有差异。这就为企业投资业务的纳税筹划提供了空间。就投资组织形式而言，个人独资企业、合伙企业、有限责任公司和股份有限公司的纳税政策有很大差异，规模不大的投资可以考虑个人独资企业或合伙企业。就投资地点而言，国家针对老少边穷等特定地区出台了低税率、两免三减半等优惠政策。就投资行业而言，高新技术企业 15% 的企业所得税税率远低于一般企业。当然，这些优惠政策很多都有时效性，企业在纳税筹划时应当综合考虑。

03

第三部分

财务分析
让企业决策更加科学有效

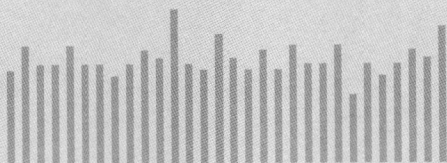

导读

　　企业的经营管理活动很复杂，从事前规划到事中控制，再到事后评价，每一项决策和管理都要"算账"。这个"算账"过程就是我们常说的"财务分析"。财务分析不是简单的财务数据罗列，而是要对财务数据背后的业务内容进行分析，发现其中的经营管理问题，为企业管理者的决策提供有力支撑。从管理者的角度来看，大到企业战略布局，小到订单是否承接，都要考虑不同选择对企业的影响，测算哪种选择更有利，能带来更大的效益。只有将财务分析的思维融入管理者的日常工作中，决策才能更加清晰、细致、科学。

第七章

用财务分析助力重大决策
——做事之前"先算账"

《孙子·谋攻篇》写道:"知彼知己,百战不殆"。企业在战略布局、投资、融资、经营等重大决策中,需要综合分析宏观环境、产业现状、竞争对手等多种因素,绝不能"摸着石头过河"。在纷繁复杂的决策过程中,围绕收入、利润、成本等核心指标的财务分析是必不可少,甚至是起决定性作用的核心内容。

一、用财务分析助力战略布局

(一)进军新行业的财务分析

【必备知识】

1. 什么是企业战略

管理大师德鲁克说："没有战略的企业就像流浪汉一样无家可归"。研究发现，大多数企业高管无法用一句话讲清楚自己企业的战略。如果你的企业也是如此，那就太糟糕了，这很可能说明你的企业从未有过战略，而是一直在"流浪"，很容易在激烈的竞争中迷失自己前行的方向。企业战略的具体内容见表 7-1。

表 7-1　企业战略的内容

	业务领域 （我是谁）	战略意图 （我在哪里）	企业愿景 （我要去哪儿）
战略：企业从全局考虑做出的长远性的谋划 ➤ 动态性 ➤ 连续性 ➤ 长远性	在企业外部环境和内部条件的基础上	以正确的经营思想为指导依据企业经营目标	对全局的长远发展做出纲要性、方向性的决策和谋划

2. 宏观因素分析——PEST 分析法

PEST 分析法一般用于宏观环境分析，它能够帮助企业识别宏观层面影响行业和企业发展的各方面因素。PEST 分析法模型如图 7-1 所示。

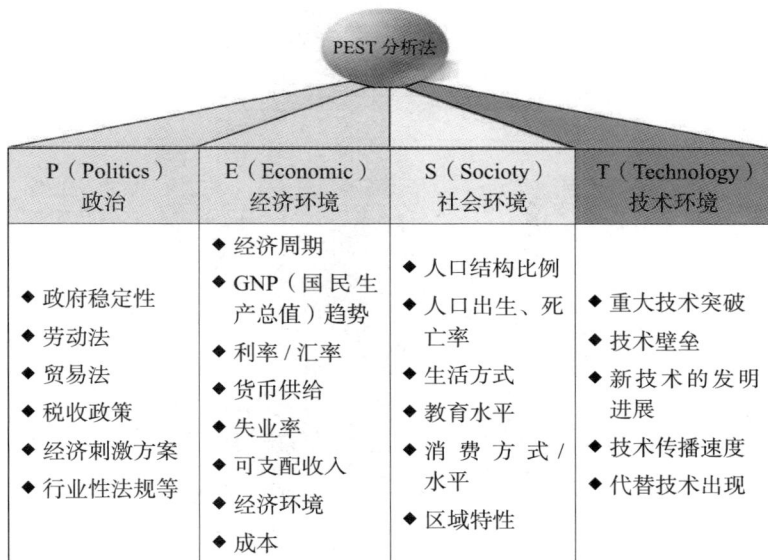

图 7-1 PEST 分析法模型

3. 行业特征分析

行业特征分析包括竞争、需求、技术、增长、盈利等多个方面，具体如图 7-2 所示。

4. 行业盈利能力分析

企业可以采用波特五力分析模型（如图 7-3 所示）来分析行业的盈利能力。

5. 行业生命周期分析

行业生命周期如图 7-4 所示。

竞争企业数量、竞争企业战略、行业竞争热点、资源的
可得性、潜在进入者、竞争结构、产品差异化程度

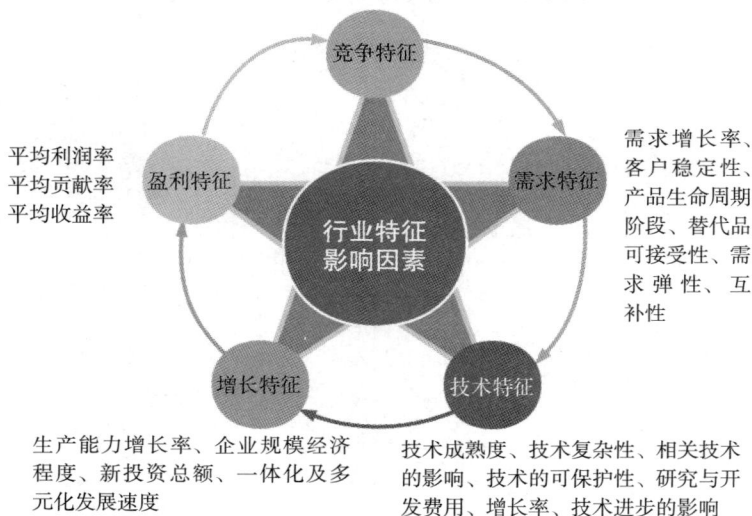

平均利润率
平均贡献率
平均收益率

需求增长率、
客户稳定性、
产品生命周期
阶段、替代品
可接受性、需
求弹性、互
补性

生产能力增长率、企业规模经济
程度、新投资总额、一体化及多
元化发展速度

技术成熟度、技术复杂性、相关技术
的影响、技术的可保护性、研究与开
发费用、增长率、技术进步的影响

图 7-2　行业特征分析

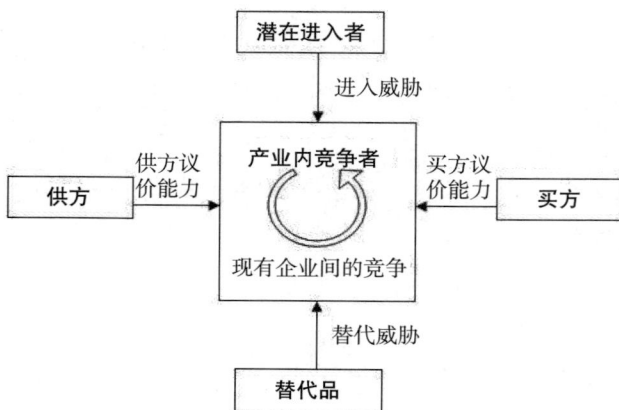

图 7-3　波特五力分析模型

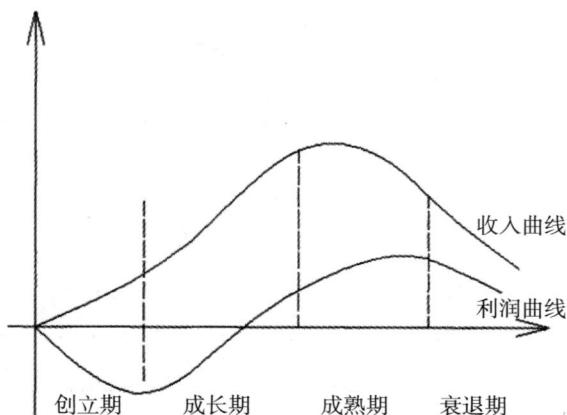

收入曲线

利润曲线

创立期   成长期   成熟期   衰退期

图 7-4　行业生命周期

行业生命周期分析的具体内容见表 7-2。

表 7-2　行业生命周期分析

项目	初创期	成长期	成熟期	衰退期
市场	需求增长较快，市场增长率较高，以开辟新用户、占领市场为主	市场增长率很高，需求高速增长，行业与竞争状况开始明朗，竞争对手也开始增多，企业建立起一定的品牌信誉	行业特点、行业竞争状况及用户特点非常清晰和稳定，竞争日趋激烈，买方市场形成，对手成为寡头，陆续开始渗透其他市场领域	行业生产力过剩，技术被模仿后出现的替代品充斥市场，市场增长率严重下降
投资	空间很大	利润积累用于再投资	再投资持续减少	投资收回

215

（续表）

项目	初创期	成长期	成熟期	衰退期
技术	产品设计尚未成熟、技术变动较大，技术大量用于生产过程	技术渐趋定型，研发投入减少，研发依旧集中于生产领域	研发再投入很少，新产品和产品的新用途开发更为困难	技术被模仿后出现的替代品充斥市场
经营	以提高生产效率和标准化作业为主线	改进产品质量，通过产品多元化生产满足需求	巩固市场，以降低成本为经营重心	生产力过剩，产品品种减少
财务指标	行业利润率较低；现金流极少	行业利润率迅速增长；现金流少许增加	行业利润率微薄；现金流大量增加	行业利润率下降甚至亏损；现金流骤减至衰竭
优势	产品、市场、服务等策略上有很大的余地	进入壁垒提高	进入壁垒很高	优胜劣汰
劣势	对行业特点、行业竞争状况、用户特点等方面的信息掌握不多	产品品种及竞争者数量增多，企业需要大量资金以达到高增长率和扩产计划，会出现现金短缺	市场竞争激烈，企业为保持产品地位需投入大量的营销费用；后期一些企业因投资回报率不满意而退出行业	行业活动水平随各公司从该行业退出而下降
特点	跟踪对手，参与或观望	增加投入，增加市场占有率，阻止新进入者	提高效率，控制成本，进入并控制市场细分，兼并扩张，研发新品	及时退出

6. 企业发展态势研究——关键能力与瓶颈分析

企业可以利用"SWOT 分析模型"了解企业的关键能力与关键限制，如图 7-5 所示。

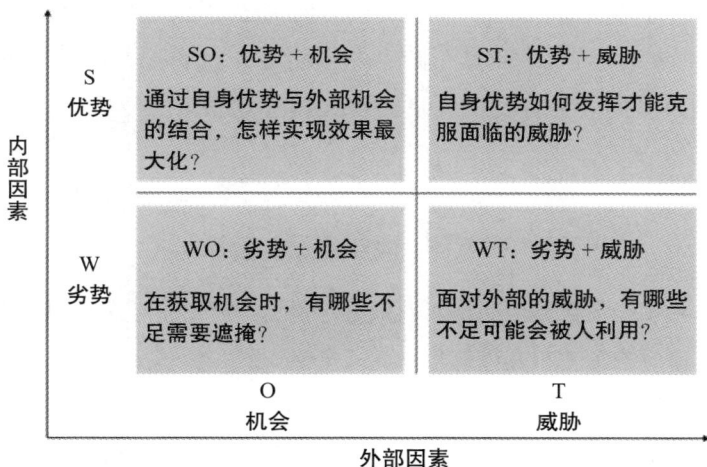

	O 机会	T 威胁
S 优势	SO：优势 + 机会 通过自身优势与外部机会的结合，怎样实现效果最大化？	ST：优势 + 威胁 自身优势如何发挥才能克服面临的威胁？
W 劣势	WO：劣势 + 机会 在获取机会时，有哪些不足需要遮掩？	WT：劣势 + 威胁 面对外部的威胁，有哪些不足可能会被人利用？

图 7-5　SWOT 分析模型

【专家建议】

俗话说"隔行如隔山"，企业要进军新的行业，实质上是一项很大的战略部署，需要考虑的问题很多。PEST 分析、行业特征分析、波特五力分析、行业生命周期分析、SWOT 分析等众多分析工具为企业决策提供了参考。从财务的角度考虑，无论是何种分析方法，最终都要聚焦到企业进军新行业能否"赚钱"这个最根本的问题上。企业能否赚钱与行业利润率的高低有关，更与企业自身的资源禀赋和企业的努力程度有关。

企业应当从多个角度和维度去"算账"，考虑可能的盈利情况和风险情况，再决定是否进军新行业。

【风险提示】

企业制定战略时，不能觉得自己什么都行，什么业务都想做。"大而全""小而全"的企业战略会让企业把有限的资源分摊到过多的业务种类上，从而丧失核心竞争力。

【案例】

一家什么菜都能做的餐厅

我和先生自驾至四川九寨旅行时曾步入一家餐厅，经理递给我一本厚厚的菜单，其重量和厚度吓了我一跳。我从头翻到尾至少用了 10 分钟，然后便陷入选择性障碍，菜单上有什么完全不记得了。经理热情好客，让我随便点，我问他菜单上的都可以做吗，他说可以。我一边笑着重新翻至首页一边说道："您成本够高的啊。"他听后吃了一惊，立刻拉了一把椅子坐在我对面，开始请教我。成本高的问题一直困扰着他，请我给他一些指点。

"以客户为中心"没错，但一味地有求必应就会丧失自己的特色和聚焦点。菜单让人看着眼花缭乱，意味着菜品原料种类繁多、季节性强、品质差异大、备料成本颇高。战略模糊不清，就会失去自己的经营特色。

（二）开发新产品的财务分析

新产品可以带动企业其他产品的销售，如果性能良好，还可能成为企业的救命稻草。

【必备知识】

1. 新产品开发步骤

企业开发新产品的主要步骤如图 7-6 所示。

2. 产品与业务线分析（波士顿矩阵分析）

波士顿矩阵又称为市场增长率—相对市场份额矩阵，它通过"市场引力"和"企业实力"两个基本因素来分析企业产品结构，以解决将企业有限的资源有效地分配到合理的产品结构中去从而保证企业收益的问题。企业实力包括市场占有率、技术、设备、资金利用能力等，其中市场占有率是决定企业产品结构的内在要素，直接反映出企业的竞争实力。销售增长率与市场占有率既相互影响，又互为条件。市场引力大，市场占有率高，可以显示产品的良好前景，并且企业也具备相应的适应能力，实力较强。如果仅有市场引力大，而没有相应的高市场占有率，则说明企业尚无足够实力，则该产品也无法顺利发展。相反，企业实力强，而产品的市场引力小，也预示了该产品的市场前景不佳。

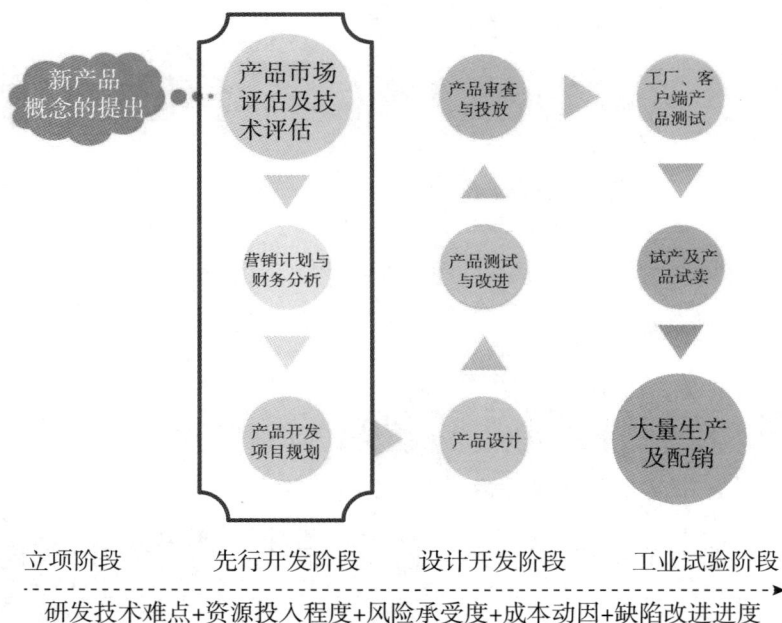

立项阶段　　　先行开发阶段　　　设计开发阶段　　　工业试验阶段

研发技术难点+资源投入程度+风险承受度+成本动因+缺陷改进进度

图 7-6　新产品开发步骤

企业可以利用"波士顿矩阵分析模型"对不同象限产品做出发展决策，见表 7-3。

表 7-3 波士顿矩阵分析模型

		相对市场占有率	
		高	低
销售增长	高	✧需要继续投入资源以稳固市场份额	✧尚未打开市场 ✧发展潜力较大 ✧需加大投入获取市场或出售
	低	✧资源投入较少 ✧企业的主要经济来源	✧衰退类业务 ✧撤退战略 ✧可将此类业务单元合并，统一管理

说明：

① 销售增长率和市场占有率"双高"的产品为明星类产品；

② 销售增长率和市场占有率"双低"的产品为瘦狗类产品；

③ 销售增长率高、市场占有率低的产品为问题类产品；

④ 销售增长率低、市场占有率高的产品为金牛类产品。

【专家建议】

类似于进军新行业，企业在进行新产品开发决策时，同样要考虑市场、技术、设备、管理、资金等诸多问题，但其根本问题还是要算清账，判断到底能不能"赚钱"。与进军新行业不同，企业考虑开发新产品的时候，已经在本行业经营了数年，对行业特征和企业特点都有了深入的理解，更容易分析开发新产品带来的收益和随之产生的成本。企业在进行财务分析时，可以利用以往的经验和数据，更加精确地预计开发新产品带来的收入和成本费用的增加，计算综合收益率，并与企业现有产品和同行业产品进行对比，作为决策的参考依据。

【风险提示】

开发新产品是一项风险较大的决策，企业既要考虑技术的风险，还要考虑需求不足的风险，以及新技术创新带来的转换成本（如原品报废损失、原品停滞下降的损失、新品与原品之间竞争带来的损失、职工结构性过剩、原体系技术支撑失效、内部行为习惯的短期不适带来的损失等）。

研发误判往往出现在过度关注性能而忽视成本，或注重表面成本而忽视隐藏成本上。

【案例】

短视频平台教育内容布局的 SWOT 分析

劣势
- 杂音多，娱乐属性重，学习的仪式感和场景感弱，很难严肃对待
- 功能不全，缺乏课件分享、举手或者在线测评反馈等功能

优势
- 广泛的用户触达产生规模经济效应，边际开发成本低
- 平台已经积累了大量教育内容及其创作者
- 有强大的技术能力

机遇
- 终身学习理念的普及
- 人口基础大

威胁
- 专业教育培训平台的大量涌现和快速发展

（三）企业战略目标的财务分析

【必备知识】

1. 战略目标与战略地图实施

战略地图是以财务层面、客户层面、内部层面、学习与增长层面为核心，通过分析这四个层面目标的相互关系而绘制的企业战略因果关系图。如图 7-7 所示。

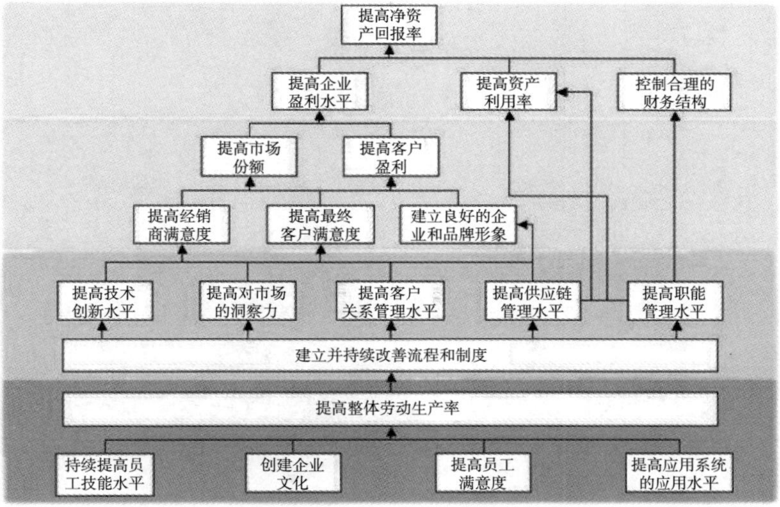

图 7-7　战略地图

企业设计战略地图，一般按照设定战略目标、确定业务改善路径、定位客户价值、确定内部业务流程优化主题、确定学习与成长主题、进行资源配置、绘制战略地图的程序进行。企业应用战略地图，应设计一套可以使各部门主管明确自身责任

財務智慧：从创业到上市的财税合规与经营决策指南

与战略目标的关系的考核指标，即进行战略 KPI 设计，并对战略 KPI 进行分解，落实责任并签订责任书。

战略地图的优点是：作为管理会计工具，战略地图的应用能够将企业的战略目标清晰化、可视化，并与战略 KPI 和战略举措建立明确联系，为企业战略实施提供有力的可视化工具。

战略地图的缺点是：战略地图需要多维度、多部门的协调，实施成本高，并且需要与战略管控相融合，才能真正实现战略实施。

2. 战略目标分解落实步骤

战略目标分解落实步骤如图 7-8 所示。

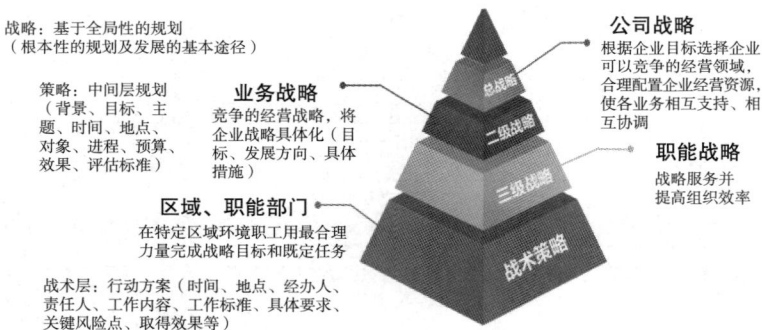

战略：基于全局性的规划
（根本性的规划及发展的基本途径）

策略：中间层规划
（背景、目标、主题、时间、地点、对象、进程、预算、效果、评估标准）

业务战略
竞争的经营战略，将企业战略具体化（目标、发展方向、具体措施）

区域、职能部门
在特定区域环境职工用最合理力量完成战略目标和既定任务

战术层：行动方案（时间、地点、经办人、责任人、工作内容、工作标准、具体要求、关键风险点、取得效果等）

公司战略
根据企业目标选择企业可以竞争的经营领域，合理配置企业经营资源，使各业务相互支持、相互协调

职能战略
战略服务并提高组织效率

总战略　二级战略　三级战略　战术策略

图 7-8　战略目标分解落实步骤

3. 年度经营计划示例

年度经营计划示例见表 7-4。

224

表 7-4　年度经营计划示例

类型	目标	单位	20×1年 预算 A	20×1年 1—9月实际 B	20×1年 10—12月预测 C	20×1年 年度预估 D=B+C	20×2年 目标预测 E	差异 F=(E-D)/D
财务方面 我们如何回报股东的要求	产品销量	吨						
	主营业务收入	万元						
	单位毛利水平	元/吨						
	净利润	万元						
	营运现金流量	万元						
	资产负债率	%						
	投资资本回报率	%						
	A产品可控销售费用	元/吨						
	A产品可控管理费用	元/吨						
	A产品制造费用（不含折旧）	元/吨						

（续表）

类型	目标	单位	20×1年 预算	20×1年 1—9月 实际	20×1年 10—12 月预测	年度 预估	20×2年 目标 预测	差异
			A	B	C	D=B+C	E	F=（E-D）/D
客户方面 我们如何真正 满足客户的 需求	主要市场1: 占有率	%						
	主要市场2: 占有率	%						
	主要市场3: 占有率	%						
	客户维系率	%						
	新客户数	个						
	客户满意度	%						
	产品和服务特征	描述						
	客户关系	描述						
	形象和商誉	描述						

（续表）

类型	目标	单位	20×1年 预算	20×1年 1—9月 实际	20×1年 10—12 月预测	年度 预估	20×2年 目标 预测	差异
			A	B	C	D=B+C	E	F=(E-D)/D
内部营运过程 我们怎样提升 内部营运流程	产品出品率	%						
	吨产品单位电耗	度/吨						
	设备故障率	%						
	产品合格率	%						
	新（改良） 产品比例	%						
	原材料周转天数	天						
	产成品周转天数	天						
	流动应收账款周转 天数（不含预收）	天						

（续表）

类型	目标	单位	20×1年 预算 A	20×1年 1—9月 实际 B	20×1年 10—12 月预测 C	年度 预估 D=B+C	20×2年 目标 预测 E	差异 F=（E-D）/D
学习与成长 我们如何具备持续改善和提高的能力	员工满意度	%						
	员工流动率	%						
	员工培训率	%						
	资讯系统	描述						
	激励、授权、整合度	描述						
	管理人员职业发展规划	描述						

【专家建议】

企业制定战略目标时，盈利能力等财务目标显然是重中之重。企业要制定合理的战略目标，财务分析必不可少。企业应当综合考虑目标的"前瞻性"和"可实现性"，合理确定目标内容与目标值，让战略目标能够真正引领企业发展。企业重要财务目标的设定，必然是基于企业未来的生产能力、生产效率、销售数量、销售品种、销售价格、生产成本、期间费用、投资计划、融资计划等多方面的业务分析，而不能按照以往的收入、利润等数据直接推算得出。财务分析需要有清晰的业务逻辑和翔实的业务预测数据支撑，才能真正为企业战略的制定起到助力作用。

【风险提示】

企业战略的制定是一个复杂的过程，并且其实现具有一定的风险。企业切不可为了制定战略而制定战略，到头来白辛苦一场，还会对员工士气造成影响。

如果战略目标规划盲目多元化，增长率目标制定过于雄心勃勃，并且与之配套的资源及详细行动计划（扩建厂房、扩招员工、筹资等）无法达到，战略很容易沦为"空中楼阁"。

【案例】

索菲亚"大家居"战略分析

通过深化"全渠道＋多品牌＋全品类"的集团战略，索菲亚公司达成百亿元销售目标。

索菲亚公司实物销售收入与劳务收入对比

行业分类	项目	单位	2021 年	2020 年	同比增减
定制衣柜及其配件、定制家具	销售量	平方米	47 724 911.51	39 930 805.82	19.52%
	生产量	平方米	48 062 244.91	40 093 593.96	19.88%
	库存量	平方米	812 175.78	474 842.38	71.04%
厨柜	销售量	单	179 742	129 749	38.53%
	生产量	单	196 048	137 328	42.76%
	库存量	单	27 193	10 887	149.77%

行业分类	项目	单位	2021 年	2020 年	同比增减
木门	销售量	樘	202 171	157 989	27.97%
	生产量	樘	200 574	161 895	23.89%
	库存量	樘	5 315	6 912	−23.10%

相关数据同比发生变动 30% 以上的原因说明：
① 定制衣柜及其配件、定制家具主要是由于订单量增加，导致库存量相应增加；
② 橱柜主要是由于订单量增加，导致销售量、生产量、库存量相应增加。

二、用财务分析助力投资决策

（一）是投资机会还是投资陷阱

在一次企业沙龙上，多位企业家针对"投资"展开了讨论。

甲："听说这个项目稳赚不赔，我就跟着投了，结果钱被拖在项目中，日子要过不下去了。"

乙："投资让我焦虑，之前投了几个项目，不省心也不放心。"

丙："投资后的压力太大了，业绩增速、利润、成本这些指标都不理想，其他投资人不停找我要说法，每天烦得要命。"

【必备知识】

1. 生产经营与投资应相辅相成

企业生产经营与投资的具体内容见表 7-5。

表 7-5　生产经营与投资

项目	生产经营	投资
概念	围绕产品的投入、产出、销售、分配乃至保持简单再生产或实现扩大再生产所开展的各种有组织的活动的总称	通过投资确立经营方向，配置企业各类资产，形成企业综合生产经营能力，以取得未来的经济利益
对象	产品	资本
目的	利润最大化	企业价值最大化
解决问题	根据市场状况及其变化趋势来决定生产什么、生产多少、如何生产	通过投资，积累、集中力量，来赢得企业战略上的竞争优势
财务分析要素图示		

2. 货币的时间价值

本杰明·弗兰克说："钱生钱，并且所生之钱会生出更多的钱。"这就是货币的时间价值的本质。

项目投资的未来收入预期具有不确定性，企业在投资决策时要充分考虑货币的时间价值。例如，企业决定投资 A 项目，现在马上可获利 500 万元，5 年后可获利 1 000 万元，此时该如何选择呢？如果将货币的时间价值考虑进去，现在投资获利 500 万元，这 500 万元又可以进行新的投资，假设社会平均获利率是 15%，那么 5 年后 500 万元就会变成 1 005.67 万元，显然大于 1 000 万元。因此，在考虑了货币的时间价值的情况下，企业应当选择当下投资。

3. 可行性研究报告是投资决策的重要参考

项目的可行性研究报告简称可研报告。企业在进行投资前，要对经济、技术、生产、供销社会环境、法律等各种因素进行具体的调查、研究和分析，确定有利和不利的因素，判断项目是否可行，估计成功概率的大小，以及经济效益和社会效益程度，从而为决策者提供参考。可行性研究分析的重点如图 7-9 所示。

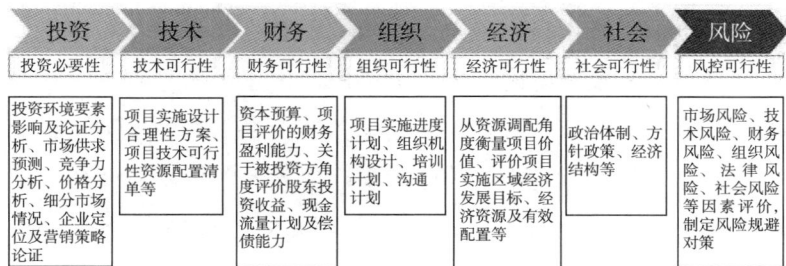

图 7-9　可行性研究分析的重点

4. 可研报告、尽调报告、财务审计报告的区别

可研报告、尽调报告、财务审计报告的区别见表 7-6。

表 7-6　可研报告、尽调报告、财务审计报告的区别

项目	可研报告	尽调报告	财务审计报告
目的	【立项】 投资决策依据	【合作】 合作或投资前全面了解企业情况	【评估】 客观反映当前财务状况、盈利状况和现金流量情况
适用范围	项目启动事先论证，重点在于可行性分析	收购/并购、股权投资、贷款，基于项目可行性基础上的深入审核	上市、年检、年报、纳税等，对企业财务数据的合理保证
具体作用	以市场供需为立足点，以资源投入为限度市场预测、成本分析、效益估算为主的报告	针对企业的历史数据文档、管理人员的背景、市场风险、管理风险、技术风险和资金风险做全面深入的审核	具有鉴证作用、保护作用和证明作用，只要阐述报表的准确性与公允性即可

【专家建议】

可研报告是项目立项阶段最重要的核心文件，是对"投资机会"还是"投资陷阱"的正面回答。由于可研报告专业性很强，企业一般会聘请专业咨询公司撰写。在这种情况下，企业不要充当"甩手掌柜"，不能只等着拿结果。专业咨询公司虽然熟悉可研报告的框架和要求，但对具体行业的研究并不一定深入，对投资带来的收入、成本、费用等不一定能预测准确，对可能存在的风险也不一定能认识到位。企业应当深入了解和考察可研报告涉及的技术、条件、环境、收益、风险等重要问题，真正掌握拟投资项目的情况和未来预期，与专业咨询公司

通力合作完成可研报告，这样才能真正让可研报告为投资决策提供有力支撑。

【风险提示】

投资项目可能面临的风险分为政策性风险和项目本身的风险见表 7-7。

表 7-7　投资项目的风险

类别	政策性风险	项目本身的风险
风险动因	指政府有关证券市场的政策发生重大变化或是有重要的举措、法规出台，引起证券市场的波动，从而给投资者带来的风险	在项目进行的全过程中，企业在对影响项目的进程、效率、效益、目标等一系列不确定因素的管理中产生的风险
风险分析	不要把希望全寄托在政策商机上，避免过分依赖，一旦政策变化很容易被套牢	项目风险不仅来自政策，还来自市场、环境、技术、客户、资金、配套、协作、管理水平（如信息不对称、管理不善、判断失误）等，项目分析识别是个动态过程，分析关键是找出影响因素以保障项目顺利运行
风险应对策略	回避策略	风险回避、风险控制、风险转移、风险自担

【案例】

××物流园项目可行性研究报告结构

第一章	总论	项目及其承办单位、承办单位概况、可行性研究工作依据、项目概况、结论与建议
第二章	项目建设背景及必要性分析	项目建设背景、项目建设必要性
第三章	市场分析与建设规模	我国现代农产品物流发展现状、××省农产品流通现状、地区农产品流通现状、农产品物流需求分析、建设项目市场预测
第四章	项目选址及建设条件	项目选址、项目用地区位分析、项目用地概况
第五章	工程技术方案	项目用地功能分区、各功能区生产技术方案、总平面布置及工程结构方案、园区交通组织方案、公用与辅助工程
第六章	环境保护、劳动安全与卫生	环境保护、劳动保护与安全卫生
第七章	节能	编制依据、能耗分析、节能措施、节水
第八章	组织机构及定员	管理体制及组织机构、机构定员、人员培训
第九章	项目实施计划进度及工程招投标	建设周期、项目实施计划进度设想、工程招标
第十章	投资估算与资金筹措	投资估算、资金筹措与使用计划
第十一章	项目财务分析	编制说明、财务分析、不确定性分析
第十二章	社会效益分析	项目对社会影响分析、项目与所在地互适性分析
第十三章	风险分析与对策	项目面临的主要风险、风险程度分析、风险防范措施
第十四章	结论与建议	

（二）投资机会太多如何选

> 天使投资人阿努拉格·尼根说："在硅谷，99%的天使投资都以失败告终，多数失败都发生在创业头一年，而等待一个项目成功，通常需要七年以上。"

【必备知识】

1.投资项目财务评价的实用指标

评价项目投资经济效益的方法一般分为非折现现金流量法和折现现金流量法。前者没有考虑货币的时间价值，后者则充分考虑了时间价值因素对投资的影响。两种评价方法的具体内容见表 7-8。

表 7-8 投资项目财务评价方法

非折现现金流量法（静态分析）		
投资回收期法 （投资返本年限法）		平均报酬率 （内含报酬率 ARR）
（1）年现金净流量相等（即每年收回的净现金流量相等）	投资回收期 5 年＝投资总额 100 万元÷年现金净流量 20 万元／年	ARR＝年平均净利润÷初始投资额 决策： 投资方案平均报酬率≥期望的平均报酬率，方案可行；反之，放弃

（续表）

非折现现金流量法（静态分析）		
（2）年现金净流量不等（逐年扣减）	投资额 100 万元 第 1 年年现金流 20 万元 第 2 年年现金流 35 万元 第 3 年年现金流 45 万元 投资回收期为 3 年	ARR= 年平均净利润 ÷ 初始投资额 决策： 投资方案平均报酬率≥期望的平均报酬率，方案可行；反之放弃
非折现现金流量的"静态分析"方法简单易懂，但精确值较差		
折现现金流量法（动态分析）		
净现值法 （NPV）	现值指数法 （获利指数 PI）	内含报酬率 （内含收益率 IRR）
投资所产生的未来现金流的折现值与项目投资成本之间的差值	投资方案的未来现金流入的现值同原始投资额现值之比	能够使未来现金流入现值等于未来现金流出现值的，或是使投资方案净现值为零的贴现率
净现值＝未来报酬总现值－建设投资总额	净现值法＝未来现金流入量的总现值 ÷ 原始投资额	第一步：预计折现率 第二步：计算不同折现率下的净现值 NPV 第三步：利用插值法求 IRR 第四步：比较不同方案的 IRR
NPV≥0 方案可行，反之拒绝	PI≥1 方案可行，反之拒绝	内含报酬率 IRR＞资本成本率投资项目可行，孰高选择，反之舍弃

（续表）

营业现金净流量估算图示
营业收入
付现成本　　　　　企业所得税　营业现金净流量
营业成本－折旧
营业现金流量＝营业收入－营业成本－企业所得税＋折旧

2. 如何进行多投资方案决策

企业可参考表 7-9 进行多投资方案决策。

表 7-9　多投资方案决策

	独立投资方案决策	互斥投资方案决策		
决策目标	对方案进行优劣排序	多个方案中选择一个		
决策方法	第一步：评价各方案可行性 第二步：方案间比较优选。以获利程度作为评价标准，一般采用内含收益率 IRR 比较决策，内涵收益率高的排序在前	评价标准：获利数额		
		项目寿命期相等	项目寿命期不等	
		两项目原始投资不同，NPV 高的项目最优	（1）共同年限法 投资期限短，收回后再投资，以最小公倍数作为共同有效寿命期，再比较选取NPV 较大者 （2）年金净流量法 优先选取年金净流量较大者	

【专家建议】

企业在选择投资方案时，进行详尽的财务分析是非常重要的基础工作。在可供选择的投资方案中，投资额、投资期限、投资风险等可能相同，也可能不同，这就需要企业针对不同情况使用不同的投资分析方法。无论使用投资回收期法、净现值法、现值指数法、内含报酬率法、共同年限法、年金净流量法中的哪一种方法，企业都要理解基础的原理。一是要理解货币的时间价值，现在的一元钱比未来的一元钱价值要高，所以一定要对未来的现金流量要选择适当的折现率。二是要理解计算的指标基础是现金流量，不是营业利润或净利润。三是要理解计算的复杂性，尤其是投资额和投资期限均不同的投资方案，需要由专业人员计算后再做选择。四是要理解投资必然有风险，目前尚无科学方法可以将投资风险量化，企业在进行投资方案选择时要综合考虑可量化的收益和不可量化的风险之间的平衡。

【风险提示】

在投资方案的选择上，财务分析有较为成熟的方法，能够帮助企业进行决策。但是，财务分析所依赖的基础数据准确性是财务分析本身无法解决的。在计算现金流量时，如果收入、付现成本等均未发生，则需要根据项目情况进行预测，预测的数据准确性对财务分析结果的可靠程度起决定性作用。

【案例】

1. 投资项目现金流预测应用模型示例

投资项目现金流预测应用模型

方案	建设期	经营期				
	20×1年	20×2年	20×3年	20×4年	20×5年	20×6年
甲方案						
投资现金流						
销售收入						
付现成本						
折旧						
税前利润						
所得税						
净利润						
营业现金流量						
垫支流动资金						
现金净流量						
累计现金净流量						
乙方案						
投资现金流						
销售收入						
付现成本						
折旧						
税前利润						

（续表）

方案	建设期	经营期				
	20×1 年	20×2 年	20×3 年	20×4 年	20×5 年	20×6 年
所得税						
净利润						
营业现金流量						
垫支流动资金						
现金净流量						
累计净现金流量						

2. 项目评估决策应用模型示例

项目评估决策应用模型

年份	项目 A		项目 B		项目 C	
	净收益	净现金流量	净收益	净现金流量	净收益	净现金流量
20×1						
20×2						
20×3						
20×4						
20×5						
合计						
收益平均值						
会计收益率						
项目优选顺序						

3. 投资组合决策应用模型示例

投资组合决策应用模型

	投资回收期	会计收益率	净现值	现值指数	内含收益率（IRR）	资金使用	是否投资	计入净现金流合计
项目 A								
项目 B								
项目 C								
项目 D								
项目 E								
项目 F								
合计								

4. 如何利用投资项目财务评价指标进行决策

某企业现有甲乙两个机床购置方案，所要求的最低投资收益率为 10%，分析如下。

项目	甲机床	乙机床
投资额	10 000 元	20 000 元
可用年限	2 年	3 年
年现金净流量	8 000 元	10 000 元
净现值（NPV）	3 888	4 870
每年净现金流量（NCF）	2 238	1 958
内含收益率（IRR）	38%	23.39%
初步分析	乙方案净现值 ＞ 甲方案净现值 乙方案每年净现金流量 ＜ 甲方案每年净现金流量	

那么，如何选择最佳方案呢？

方法一：共同年限法

项目	甲机床	乙机床
年现金净流量	8 000 元	10 000 元
可用年限	2 年	3 年
按最小公倍数可用年限调整	6 年	6 年
年金现值系数表（10%，6 年期）	4.355 3	
年金净现值①	8 000×4.455 3	10 000×4.455 3

投资额	10 000 元	20 000 元
复利现值系数表（10%，2 年期）	0.826 4	
复利现值系数表（10%，3 年期）		0.751 3
复利现值系数表（10%，4 年期）	0.683 0	
建设期投资现值②	10 000×（0.683 0+0.826 4）+10 000	20 000×0.751 3+20 000

净现值①－②	9 748	8 527
决策结果	净现值高者优之	

方法二：年金净流量法

项目	甲机床	乙机床
每年净现金流量（NCF）	2 238	1 958
决策结果	每年净现金流量高，择优	

（三）固定资产更新是否划算

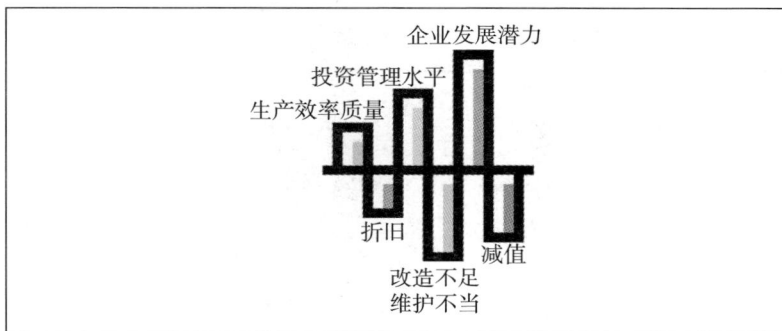

【必备知识】

1. 固定资产的概念和分类

固定资产是指企业为生产产品、提供劳务、出租或经营管理而持有的、使用时间超过 12 个月、价值达到一定标准的非货币性资产，包括房屋、建筑物、机器、机械、运输工具及其他与生产经营活动有关的设备、器具、工具等。

固定资产一般被分为生产用固定资产、非生产用固定资产、租出固定资产、未使用固定资产、不需用固定资产、融资租赁固定资产、接受捐赠固定资产等。

2. 固定资产更新测算的主要方法

固定资产更新决策旨在决定继续使用旧设备还是购买新设备，如果购买新设备，旧设备将以市场价格出售。这种决策的基本思路是：将继续使用旧设备视为一种方案，将购置新设备、出售旧设备视为另一种方案，并将这两个方案作为一对互斥方案按一定的方法来进行对比选优，如果前一方案优于后一方案，则不应更新改造，而继续使用旧设备，否则应该购买新设备进行更新。

固定资产更新属于互斥项目决策，故而决策方法为净现值法和年金净流量法，一般不采用内含收益率法。

【专家建议】

固定资产更新决策需要注意以下三个问题。

（1）企业应将继续使用旧设备与购置新设备看成两个互斥的方案，分别考察相应的现金流量，再进行价值指标计算，从而得出结论。

（2）根据新、旧设备的使用寿命不同采取不同价值指标和方法进行分析。若新、旧设备的未来考察年限相同，则可使用NPV 法或 IRR 法来进行判断，既可以计算总量，也可以计算差额；反之，若两个项目考察年限不同，则可运用年金法来计算年均净现值。

（3）根据新设备能否扩充企业生产能力、增加企业销售收入来选择不同的分析方法。如果新设备能提高生产效率、扩充生产能力，从而增加销售收入，那么分析现金流量就要考虑增加的收入及降低的成本；若新设备没有改变企业的生产能力，未增加销售收入，那么一般通过比较现金流出量的总现值或年均现金流出量来分析。很显然，在收入相同时，现金流出量越低越好。

【案例】

是否新增固定资产决策案例

某企业资产投入情况及运营等预测信息如下：

资产情况	总投资额	250 000 元
	到期残值	12 500 元
	流动资产投入	120 000 元
运营情况	每年可产销产品数量	2 500 件
	估计产品销售期	6 年
	单位售价	100 元/件
	单位成本	80 元/件
报酬情况	企业要求最低报酬率	12%
税费情况	企业所得税率	25%
年金现值系数	（P/A，12%，6）	4.111
复利现值系数	（P/F，12%，6）	0.507

第一步：计算营业净现金流量（NCF）

营业收入	2 500 件×100 元/件=250 000（元）
减：付现成本	2 500 件×80 元/件=200 000（元）
所得税	（250 000-200 000）×25%=12 500（元）
加：折旧	（总投资额 250 000-残值 12 500）÷6 年=39 583.33（元）
营业净现金流量	77 083.33 元
项目结束变现及收回期初投入的流动资产	前期投入流动资产 120 000+残值 12 500=132 500（元）

第二步：计算投资方案净现值（NPV）

营业期	77 083.33×4.111 =316 889.57（元）
减：建设期原始投资	250 000 元
建设期流动资产投入	120 000 元
加：项目结束变现及收回期初投入的流动资产	132 500×0.507 =67 177.50（元）
净现值 NPV	14 067.07 元
决策分析	NPV＞0 方案可行，企业可以增添新设备来开发产品

思考：如果企业对产品设计进行了改造，单位成本由每件 80 元上涨至 90 元，是否还能添置设备开发新产品？

（四）购买资产还是租赁资产

租办公室和买办公室，哪个更划算？

买？  租？

投资部负责人："从资金流压力看，租办公室企业每年需承担二三十万的租金，剩下的资金可以投放在能够创造更大收益的地方。"

财务部负责人："购买办公室属于一项固定资产投资，

具有抗风险的作用，前期投入的资金可以通过银行抵押盘活。"

　　行政负责人："租办公室就要面临因企业扩张而需要频繁大规模搬迁的问题，然而频繁地搬迁会让员工和客户产生不安全感和不稳定因素，进而影响企业形象。"

【必备知识】

1. 资产租赁的分类

资产租赁可分为经营租赁和融资租赁，具体见表 7-10。

表 7-10　资产租赁的分类

	经营租赁	融资租赁
目的	基于生产经营中对临时租赁设备或资产的需求	通过逐年支付租金，可以获得资产的使用权，既解决了对中长期资金的需求，又可以满足生产经营的需要
权属	有使用权，无所有权 无法随意改造、处置、担保、抵押	具有所有权 支付租金较高会形成长期负债
租赁方式		

2. 选择购买或租赁的主要考虑因素

企业在选择购买或租赁资产时应考虑的因素见表 7-11。

表 7-11　选择购买或租赁的考虑因素

	购买	经营租赁	融资租赁
资金	大笔资金投入	租金占比低	租金比经营租赁高，但无须前期占用资金
期限	期限长	租期短	期限长
所有权	拥有所有权	不拥有所有权	拥有所有权
财务报表		经营租赁不体现在报表里，不提高负债率	负债率升高
对利润的影响	通过折旧方式，分期抵减利润	形成费用，直接抵减利润	形成未确认融资费用，逐期摊销

3. 选择购买或租赁资产的财务分析方法

企业有两种方法可以选择：一种方法是分别计算两个方案的差量净现金流量，然后按差额投资内部收益率进行决策；另一种方法是直接比较两个方案的折现总费用的大小，然后选择折现总费用低的方案。

【专家建议】

对于大多数企业而言，购买固定资产是生产经营的习惯性思维。买来的资产是自己的，用着踏实。但是从财务角度来说，购买固定资产未必划算。资金不是很宽裕的重资产企业在使用银行贷款等方式融资难度较大时，通过融资租赁方式取得资产也是一种可行的方式。此外，某些企业的办公用计算机、公务用车等一般性固定资产也可以考虑采用租赁的方式，一方面可以保证每年都能用到新的设备，另一方面在成本上也有节约的可能。企业在面临资产购置、更新等需求时，应当分别对购买和租赁两种方式进行财务分析，算好"经济账"，在此基础上综合考虑保密、安全、方便等因素，最终确定添置资产的方式。

【案例】

固定资产租赁与购置决策

某企业因业务发展需要添置一台新设备，该设备每年可节约成本开支 12 000 元，企业资本成本率为 16%，该设备应当购置还是租赁？

	购置	租赁
购入成本	60 000 元	
每年年末需要支付租金		10 000 元
可使用年限 / 租赁期	10 年	10 年
期满后净残值	2 000 元	
净现值 NPV	① + ② − ③ =−1 550（元）	②−① =9 666（元）
①残值折现	2 000×（P/F，16%，10）	10 000×（P/A，16%，10）
②节约开支折现	12 000×（P/A，16%，10）	12 000×（P/A，16%，10）
③购入成本	60 000 元	
内含报酬率 IRR	① + ② =60 000（元） 15% < i < 16%	（P/A，i，10）=4.028 20% < i < 22%
①残值折现	2 000×（P/F，i，10）	10 000×（P/A，i，10）
②节约开支折现	12 000×（P/A，i，10）	12 000×（P/A，i，10）

通过财务分析可以看出，购买设备的净现值为负数，内含报酬率小于资金成本率，因此此方案不可取。租赁设备的净现值为正

值，内含报酬率高于资金成本率，因此应采用租赁方案。

三、用财务分析助力筹资决策

（一）融资不是多多益善

【必备知识】

1.常见的融资方式

企业对外融资的具体方式很多，大致分为债务性融资和权益性融资两大类。债务性融资包括银行贷款、发行债券和商业票据、应付账款等。债务性融资构成负债，企业要按期偿还约定的本息，债权人一般不参与企业的经营决策，对资金的运用也没有决策权。权益性融资是指向其他投资者出售企业的部分所有权（含发行股票），即用股东权益来交换资金。

2.融资需求测算的主要方法

融资需求测算的主要方法有两种，见表 7-12。

表 7-12　融资需求测算的主要方法

方法一	方法二
预测近期资金需求量：预测年度生产经营任务下的资金周转加速需求 适用于品种繁多、规格复杂、资金用量小的企业	销售百分比法：根据销售增长与资产增长之间的关系，预测未来资金的需求量
资金需求量＝（基期年度资金平均占用额－不合理资金占用额）×（1±预测期销售增减率）×（1±预测期资金周转速度变动率）	假设某些资产与销售额存在稳定的百分比关系，根据销售与资产的比例关系预计资产额，并根据资产额预计相应的负债和所有者权益，进而确定筹资需求量 外部融资需求量＝增加的敏感性资产－增加的敏感性负债－增加的留存收益 需要增加的资金＝变动资产增加额－变动负债增加额 【敏感性资产】经营性资产与销售收入成正比例变动的资产，包括现金、存货、应收账款 【敏感性负债】随销售收入变动而变动的经营性短期债务，如与销售收入成正比例变动的负债，包括应付账款等。 【增加留存收益】预计留存利润＝预计销售额 × 预计销售净利率 × 利润留存率

【专家建议】

融资是大部分企业发展中必须面对的难题。"融资难、融资贵"制约了很多中小企业的发展，也造成很多企业对融资有一种"多多益善"的本能反应。从财务管理的角度来看，融资需求的准确测算对企业合理使用资金、降低融资成本有着重要作用。融资规模小了，无法满足业务发展需要；反之，融资规模过大，超过了业务需求量，会给企业带来不必要的利息负担，影响企业效益。企业应当根据业务发展需要，准确测算未来一段时间（一般为一年）内的融资需求，并将融资需求进一步细化到季度甚至月度，在此基础上安排融资的时间、融资的规模等。

【风险提示】

（1）企业的经营经常面临各种不确定性，企业在计算融资规模时，要留有一定的余地，避免因突发情况造成资金短缺风险。

（2）警惕融资骗局。目前，融资市场中存在一些以投资为名的诈骗手段。诈骗者以优越的条件吸引企业做商业计划书或请律师做尽职调查、财务尽调等，先收取一部分费用，接下来还有考察、调研、接待等一系列费用，最终谈判时还有评估费。企业花了一系列费用后最终却未得到投资，白白花了冤枉钱。

【案例】

企业资金需求量的测算

基期	平均资金需要量	50 万元
	不合理资金占用额	10 万元
预测期	销售增减率	5%
	预测期资金周转速度变动率	1%
	资金需求量	42.42 万元

> （平均占用额 50 万元 − 不太合理资金占用 10 万元）×（1+ 下月销售增长率 5%）×（1+ 资金周转减速 1%）=42.42（万元）

（二）股权融资还是债务融资

两位企业主边喝茶边讨论如何融资的问题。

甲企业主："股权融资的风险通常小于债务融资的风险，企业不用承担财务负担，股东的资金没有偿还时限压力。"

乙企业主："启动股权融资就要面临稀释原股东股权的问题，债务融资速动快，限制少，租金及融资成本如符合条件还可以享受税前扣除，降低税收负担。"

【必备知识】

1. 股权融资和债务融资的比较

股权融资和债务融资的比较见表 7-13。

表 7-13　股权融资和债务融资的比较

项目	股权融资 （以吸收直接投资为例）	债务融资 （以债券融资为例）
条件限制	采用吸收直接投资的企业，资本不分为等额股份，无须公开发行股票。吸收直接投资的实际出资额中，注册资本部分形成实收资本；超过注册资本的部分属于资本溢价，形成资本公积	（1）股份有限公司的净资产不低于人民币 3 000 万元，有限责任公司的净资产不低于人民币 6 000 万元 （2）累计债券余额不超过公司净资产的 40% （3）最近三年平均可分配利润足以支付公司债券一年的利息 （4）筹集的资金投向符合国家产业政策 （5）债券的利率不超过国家限定的利率水平 （6）国家规定的其他条件

（续表）

项目	股权融资 （以吸收直接投资为例）	债务融资 （以债券融资为例）
募资数额		一次性募资数额大，适宜大规模募资需求
资金用途	吸收直接投资的出资方式多种多样，如货币出资、实物出资、工业产权出资、土地使用权出资和特定债权出资，企业可将其用于扩大经营	资金只能用于核准的用途，不得用于弥补亏损和非生产性支出
资本成本	资本成本高，企业盈利要将大部分盈余作为红利分配，很多投资协议中按"出资额与实现利润比率"计算	与银行借款相比，资本成本较高

2. 如何确定最有利的资本结构

资本结构是指企业各种资本的价值构成及其比例关系，是企业一定时期筹资组合的结果。一般来说，通过资产负债表一眼即能看穿企业的资本结构，其中的负债占比多少，所有者权益占比多少，就是企业的资本结构。企业确定资本结构需考虑的主要因素如图 7-10 所示。

（1）有利于最大限度地增加所有者财富，能使企业价值最大化
（2）企业加权平均资金成本最低
（3）资产保持适当的流动并使资本结构富有弹性，其中，加权平均资金成本最低是主要标准

影响

行业分析影响、股东投资动机影响、企业信用等级与债权人态度、经营者态度影响、财务状况及成长力、税收政策影响

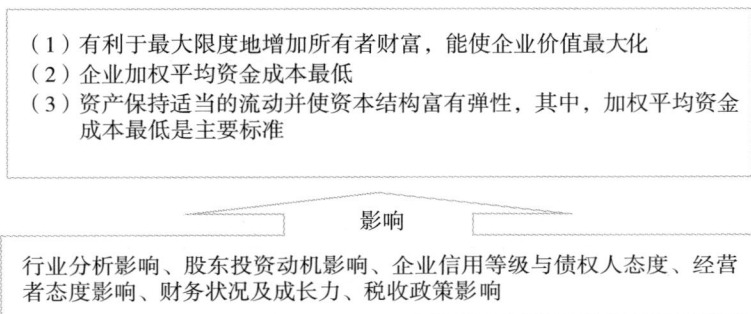

图 7-10　确定资本结构的考虑因素

【专家建议】

债务融资能够给企业带来财务杠杆收益和节税收益，当总资产息税前利润率大于债务成本率时，企业进行债务融资可以获得财务杠杆收益，提高企业价值。此外，企业进行债务融资还可以带来节税收益，从而提高企业价值。但随着债务融资的增长，企业面临的财务风险就会增大，风险爆发可能会使企业陷入财务危机甚至破产。从财务管理的角度来看，企业应当分析债务融资给企业带来的收益和风险，参考行业的资产负债率水平，综合考虑两者的平衡关系，确定基本的资本结构，进而规划债权融资和股权融资的占比和金额。

【风险提示】

高负债率对企业是非常危险的。从收益角度来看，高负债率可以让企业股东在投入较少资金的情况下撑起较大规模的资产和收入，从而大幅提高股东回报率。但是，这种高负债经营

的方式风险非常大，一旦融资政策收紧，或者企业资产回报率下降，高额的利息支出和资金链断裂会瞬间压垮企业。

【案例】

不同生命周期下的资本结构动态

创业阶段	成长阶段	成熟阶段	衰退阶段
经营风险高	经营风险有所下降	经营风险适中	经营风险最低
以权益资本为主引进风险投资人，避免举债带来财务风险	适当引入债务融资	扩大负债比率	以节税考虑高财务风险搭配

四、用财务分析助力经营决策

（一）定价是个"技术活"

几位企业家一起吃饭，谈到了产品定价问题，各自发表感言如下。

甲："定价太难了，高了怕卖不动，低了觉得亏。"

乙："自己产品的成本都测算不出来，怎么定价啊？"

丙："生意不佳是因为产品定价过高吗？竞品之所以畅销是因为占据价格优势吗？"

【必备知识】

1. 定价考虑的主要因素

企业定价应考虑的主要因素如图 7-11 所示。

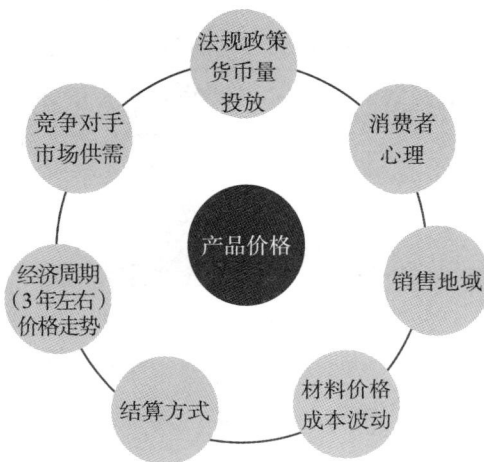

图 7-11　定价应考虑的主要因素

2. 常见的定价方法与策略

常见的定价方法与策略见表 7-14。

【专家建议】

产品定价是企业经营的一项重要决策，需要考虑的因素很多，可选用的定价方法也很多。企业在定价的时候要算清两笔账：一是价格与销售量的关系；二是价格与成本的关系。一般来说，价格越低，销售量会越大，但销售金额则不一定。因此，企业要测算不同价格下的销售量和销售金额，选取能取得最大销售金额的价格。此外，定价还要考虑收入能否覆盖产品成本，能否取得一定的利润。成本的计算也有一定的复杂性，企业既要考虑与产品相关的人力、材料等直接成本，还要考虑厂房、机器等间接成本，以及管理费用、销售费用、财务费用等的摊销。而且，由于固定资产折旧和期间费用等相对固定成本的存在，产品的成本与生产量也有一定关系。企业在定价时应当综合考虑上述影响因素，准确测算，确定最有利的价格策略。

【风险提示】

企业的产品定价在设计阶段就应当重点考虑。企业在进军新行业或者开发新产品的时候，可研报告需要测算收入利润情况，这个时候收入的测算就应该考虑将来的定价。如果等到产品出来再考虑定价，很可能出现价格高了市场不接受、价格低了不能覆盖成本的问题，从而造成新产品开发失败。

表 7-14 常见的定价方法与策略

适用	方法	含义	举例	分析
专利新品定价策略	撇脂定价法	撇脂定价法是指在产品生命周期的最初阶段把产品价格定得很高,以求最大利润,尽快收回投资,就像从牛奶中撇取奶油一样	(1)哈根达斯。进入中国市场时号称所有产品空运而至,以高成本维持高品质 (2)英特尔芯片、苹果手机、索尼电视等高科技领域产品 (3)限量版服饰	撇脂定价法被称为"镶着金边的邀请函"。最大的前提条件是企业必须因为品牌、科技、创意,创造而拥有定价权。初次投放,将少量尚未形成竞争的新品高价售出,新品的质量和形象必须与产品价格相匹配。该方法适合短期性的策略
	渗透定价法	在产品进入市场初期时将其价格定在较低水平,尽可能吸引最多的消费者	某汽车品牌新车定价不超过10万元,最低仅为3万元,低于国内同类车型定价的一半	微利阻止了竞争者进入,可增强企业的市场竞争能力。新产品能迅速占领市场,并借助大批量销售来降低成本,获得长期稳定的市场地位,争取到客户后再逐步提升
专利新品定价策略	满意定价法	适中的、让买卖双方均感合理的新产品定价方法。该定价法由于照顾到大多数用户的利益,最易令消费者感到满意	通用汽车公司的雪佛兰汽车,其市场规模远远大于愿意支付高价购买它的"运动型"外形的细分市场。将大量购买者吸引到展示厅尝试驾驶科迈罗的意义远比高价销售科迈罗能获得的短期利益要大得多	满意定价法介于"撇脂"与"渗透"两种方法之间,既避免了"撇脂"的市场风险,也避免了"渗透"的微薄利润,从而让企业取得满意的利润。企业采用此定价法销售产品,可以在长期稳定的销售增长中获得较平均利润率计算的平均利润

261

（续表）

适用	方法	含义	举例	分析
专利新品定价策略	仿制品定价	由于市场上已有现成的同类产品，仿制品仅仅对企业而言是新产品，在保持质量的情况下价格应低于竞争对手		较多企业采用降档定价策略，将产品分为优质档、中低档、廉价档。仿制品定价的关键就是市场定位问题。企业需在价格和质量两方面确定其市场定位
心理定价	品牌声誉定价	仰慕心理	如化妆品、奢侈品等	
	尾数定价	零头定价或缺额定价，即给产品定一个零头数结尾的非整数价格	如 99 元、299 元、1 998 元、666 元、888 元、520 元、1 314 元等	数字"戳中"心理
	习惯定价	消费者在长期中形成了对某种商品价格的稳定的价值评估		由于同类产品多，在市场上形成了一种习惯价格，个别生产者难以改变。降价容易引起消费者对品质的怀疑，涨价则可能受到消费者的抵制
	招徕定价	有意将少数商品降价以招徕吸引客户的定价方式	如一元拍卖活动、商品大减价、大拍卖、清仓处理	适合消费者"求廉"心理，商品的价格低于市价，一般都能引起消费者的注意

（续表）

适用	方法	含义	举例	分析
成本导向定价	成本定价法	以单位产品可变成本，加上一定比例的固定成本和单位产品利润来确定商品的价格	昔德基与供应商采用"三年长期承诺＋成本定价"模式，鸡肉供给价格与饲料成本挂钩，随着饲料价格变动每半年调整一次鸡肉供应价	以盈亏平衡分析为基础的定价方法 （1）计划成本定价 产品价格＝（单位预测成本＋单位预测利润）÷（1－销售税率） （2）成本利润率定价 产品价格＝[单位预测成本×（1+成本利润率）]÷（1－销售税率） （3）销售利润率定价 产品价格＝单位预测成本÷（1－销售利润率－销售税率）
	边际成本定价法	企业以单位产品的边际成本为基础的定价方法	中国电信营企业以产出量成反比例关系，利用边际成本来制定资费，若价格过低企业会出现亏损，因此神州行曾推出面向中低端用户的套餐（30分钟免费通话，70兆流量），企业在保持收支平衡的前提下将资费定在比边际成本略高的水平	边际收益等于边际成本，短期利润为零

财务智慧：从创业到上市的财税合规与经营决策指南

（续表）

适用	方法	含义	举例	分析
成本导向定价	反向定价法	企业依据消费者能够接受的最终销售价格计算自己从事经营的成本和利润后，逆向推算出产品批发价和零售售价	小米1S青春版从配置来看可以卖到1800元甚至更高，但小米用我国平均月工资除以戈恩系数，估算出一般居民月工资的一半，利用反向定价将该产品参考价格定位1299元	企业为了争取竞争主动权，先以具有竞争优势的价格进入市场，在价格约束下设计制造产品，并在此理念上衍生出产品系列，设计高、低两个关键点：低端产品吸引眼球，高端产品面向高端品质客户，或以捆绑组合方式对外销售

【案例】

面临价格风险企业化被动为主动

甲企业 2021 年 1 月签署了为期三年的螺纹钢采购合同，合同中未约定价格上涨协商事宜。2021 年 3 月，全国工业生产者出厂价格同比上涨 4.4%，环比上涨 1.6%；工业生产者购进价格同比上涨 5.2%，环比上涨 1.8%。1 月到 3 月平均下来，工业生产者出厂价格比去年同期上涨 2.1%，购进价格上涨 2.8%。

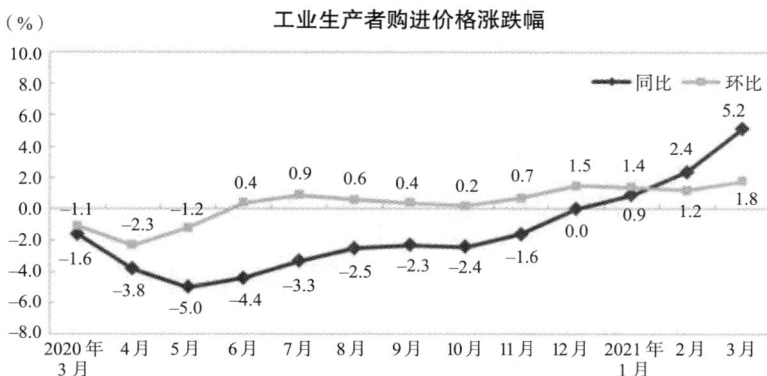

工业生产者购进价格涨跌幅

2021 年 3 月下旬流通领域重要生产资料市场价格变动情况

产品名称	单位	本期价格（元）	比上期价格涨跌（元）	涨跌幅（%）
一、黑色金属				
螺纹钢（φ16-25mm，HRB400E）	吨	4 775.4	109.6	2.3
线材（φ6.5mm. HPB300）	吨	4 912.5	117.4	2.4

甲企业对宏观影响因素进行分析后，化被动为主动，实施如下方案。

物价波动引起的价格调整约定

物价波动引起的价格调整方式	在本合同工程实施过程中，如因市场物价波动及法律政策变化而引起主要材料价格变动幅度超过 ±n% 时，应予以调整材料补差来结算价款，材料补差按季度进行结算，并在下一季度结算支付
	施工期间若遇物价上涨，结算时以材料单价为基数进行调整，调整依据为工程造价管理部门公布的材料价格

原材料上涨企业压力舒缓措施

1	成本管控前置化，基于战略搭建成本管控体系
2	供应商战略合作建立供应商管控平台实施"集中采购分级管控"
3	寻找新材料替代旧材料，及时对积压物资进行处理
4	"研发＋成本"前置管控，设计寻找替代品方案
5	平衡好存货成本和涨价成本的关系
6	外包物流提升材料送达效率（采购跟单等）
7	改善内部物流效率（审批、结算、验收、入库、结算、存货盘查等）
8	安排物料领用，将生产与产能平衡，防止出现冒领虚报现象
9	针对涨价的原材料严格制定和执行消耗定额

（二）特殊订单是否承接先"算成本"

销售经理："客户至上，订单越多越好。"

财务主管："客户也要甄选，不能赔了夫人又折兵。"

【必备知识】

1.特殊订单的类型

特殊订单分为正常订货和特殊订货两种类型，如图 7-12 所示。

正常订货
已纳入年度生产
经营计划的订货，
又称正常任务，其
售价为正常价格

特殊订货
产品的订货单价不
但低于产品的正常
订货价格，有时还
低于产品的单位成
本的订货

图 7-12 特殊订单的类型

2.是否承接特殊订单的主要考虑因素

企业在尚有剩余生产能力的情况下，是否接受特殊订货，应当考虑以下因素：特殊订货的单价、产品的单位变动成本、特殊订货的数量、特殊订货需要追加的专属成本，即在接受特殊订货后能否为企业增加盈利。

3. 特殊订单的成本计算方法

特殊订单的成本计算方法如图 7-13 所示。

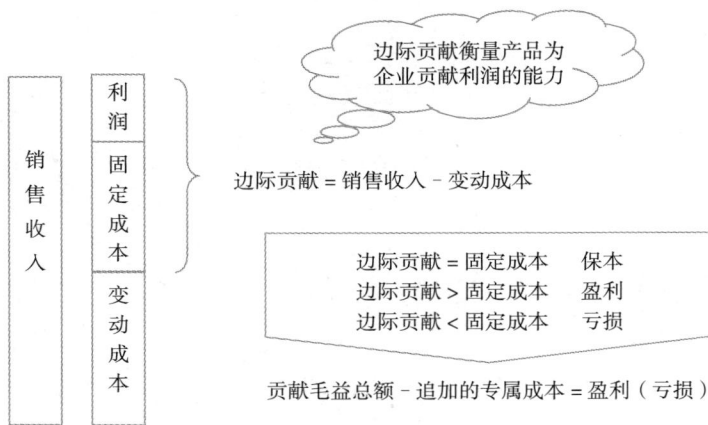

图 7-13 特殊订单的成本计算方法

【专家建议】

企业在经营过程中往往会遇到一些"特殊订单"。尤其是一些订货量大但价格比较低的订单，让企业在"接"与"不接"之间左右为难。这个时候，算好"成本账"就能让企业经营者不再纠结。企业经营者应当分析产品相关的成本属性，准确划分固定成本和变动成本，为算好"成本账"奠定基础。接到"特殊订单"后，企业应计算完成订单所需要的变动成本，并考虑是否会增加固定成本，是否会带来其他成本投入。将完成"特殊订单"需要投入的所有成本都算清楚了，再与订单价格进行比较，就很容易做出决策了。

【风险提示】

有些企业不顾实际成本,采用低价中标,造成"活越干越多,钱越赚越少"的现象。业内流传一句话,低价中标会导致"饿死同行、累死自己、坑死甲方"。

【案例】

企业是否接受 A 产品特殊订单

A 产品单位成本	
项目	金额(元)
直接材料	60
直接人工	30
制造费用	
变动费用	30
固定费用	50
合计	170

新订单报价	130
单位贡献毛益	−40
新订单需求量(件)	10 000
是否使用现有生产能力完成	需新增固定资产
新增固定资产金额	1 000 000

接受新订单损益核算	
1. 差别收入	1 300 000
2. 差别成本	1 200 000
(1)直接材料	600 000
(2)直接人工	300 000
(3)变动制造费用	300 000

（续表）

A产品单位成本	
3. 专项设备支出	1 000 000
4. 差别利润	−900 000
方案选择	拒绝订货

（三）赊销规模要控制

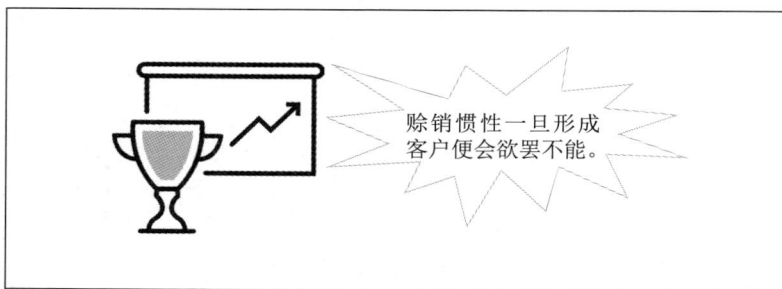

赊销惯性一旦形成客户便会欲罢不能。

【必备知识】

1. 赊销与现销的区别

赊销与现销的区别如图 7-14 所示。

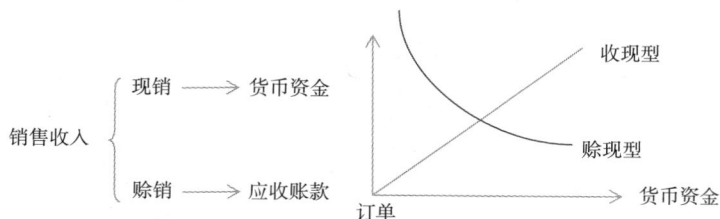

图 7-14　赊销与现销的区别

赊销可以带来销售量的增长,但同时会给企业带来较大的资金压力,也会增加企业的成本。

2. 制定赊销政策考虑的主要因素

企业制定赊销政策应考虑的主要因素见表 7-15。

表 7-15　制定赊销政策考虑的主要因素

应收账款机会成本	应收账款管理成本	应收账款坏账准备
将资金投放于应收账款而放弃其他投资所带来的收益	从授信方(销售商)将货物或服务提供给受信方(购买商),债权成立开始,到款项实际收回或作为坏账处理结束,对应收账款回收全过程所进行的管理成本	在赊销交易中,债务人因无力偿债而形成损失。财务每期末估计坏账损失
应收账款机会成本＝维持赊销业务资本所需的资金 × 资本成本	包括:调查客户信用状况的费用、收集各种信息的费用、账簿记录费用、收账费用、数据处理费用、应收账款管理人员费用	应收账款坏账损失＝赊销额 × 预计坏账损失率

应收账款成本曲线如图 7-15 所示。

3. 赊销如何控制

(1)建立企业信用管理系统,增加独立于其他部门以外的信用风险的职能管理部门,明确职责并直接向总经理负责,借助于历史数据和经验的积累,建立并长期拥有一支风险评级专业化队伍。

(2)对客户的财务状况、经营情况、企业信用程度、涉税信用等进行评估。

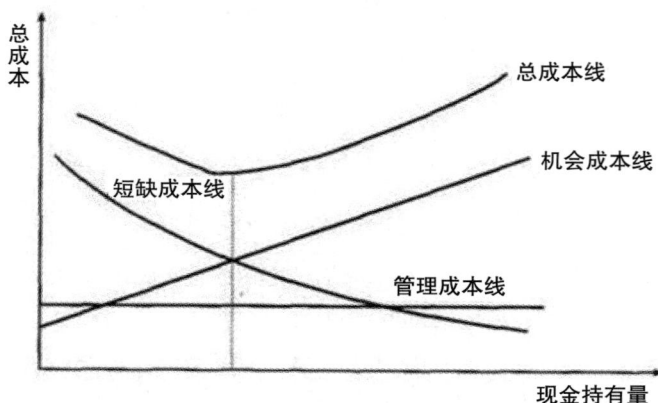

图 7-15 应收账款成本曲线

企业征信报告与企业信用评级报告的区别见表 7-16。

表 7-16 企业征信报告与企业信用评级报告的区别

企业征信报告	企业信用评级报告
企业征信报告是征信产品的一种	由信用分析师对企业信用等级进行判断并给出对应的信用等级，在一定周期内判断评估对象的综合风险水平
用于自我了解或向他人证明，可作为自身资质及信用状况的证明，以取得合作方的信任，但不被管理机构和部门采纳	用于政府采购、招标投标、行政审批、市场准入、资质审核
内容：基本信息、信贷信息、公共信息和声明信息	内容：评估结果、评级要点、企业概况、经营状况、财务状况

（续表）

企业征信报告	企业信用评级报告
风险分数：1~6 的风险指数表示停业的概率由低到高	信用等级：一般划分为三等十级，符号表示为：AAA（信用极好）、AA（信用优良）、A（信用较好）、BBB（信用一般）、BB（信用欠佳）、B（信用较差）、CCC（信用很差）、CC（信用极差）、C（无信用）、D（濒临破产）
是否公开：否	是否公开：是
出具人：征信机构或商业银行	出具人：第三方信用评级机构

（3）统一客户或供应商数据，建立客户或供应商台账、联系人台账、活动台账、报价、合同台账等，异常变化及时推送提醒。

（4）凡赊销业务，企业均要采用订货方式，在订单确定后列入销售计划，并以此作为发货的依据。逾期赊销款要加强追讨力度，如设置专人追收，实施跨部门紧密配合（配合部门包括法务、财务、质检、销售、风险控制等）。

【专家建议】

赊销是企业扩大销售规模的常用方式，对保障和提升营业收入规模起着重要作用。同时，因赊销产生的应收账款令企业又产生了一定的管理成本。如果应收账款无法收回，还会令企业产生较大的损失。企业在制定赊销政策时，要充分考虑赊销带来的收入增长、管理成本增加、坏账风险等因素，适度控制赊销规模，避免出现大量的呆坏账。企业可以通过历史数据和行业参考数据测算不同赊销政策下收入增长的额度、管理成本增加的金额、可能的呆坏账金额等，对比分析后选择最有利的赊销政策。

【风险提示】

有些企业只考虑扩大销售规模，大量赊销产生高额应收账款，导致出现了大量呆坏账。企业在前期看似盈利，但是算上后期的呆坏账损失，实际上是亏损的。

【案例】

好莱客公司放宽信用政策

好莱客应收款增速图

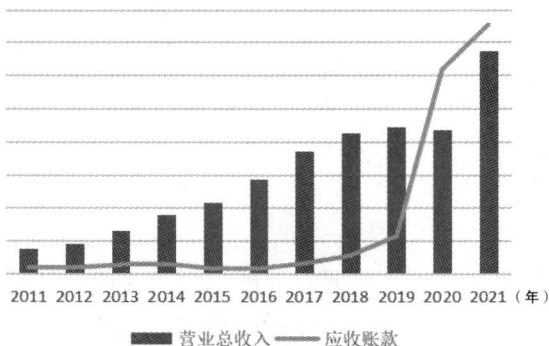

自 2019 年起，好莱客公司的应收账款迅猛增长，公司对外解

释为 2019 年上半年相对放宽了赊销政策。截至 2021 年，该公司在全国拥有超过 1 500 家经销商、超过 2 000 家经销商门店，下沉至三至五线城市。

公司与经销商之间的交易为买断式销售，收入对经销商的依赖程度较高。公司为缓解经销商阶段性的资金压力，也会给予部分经销商一定的循环信用额度或临时信用额度，这也是导致报告期末公司应收账款余额较大的重要原因。经销商为了积极争取返点，会大批进货，然后长期拖欠货款现象频发。一旦经销商与公司在利润让利的问题上谈不拢，未来可能会出现大面积坏账，对公司现金流产生负面影响。面对经销商赊销，该公司应及时采取管控措施规避应收账款风险。

（四）库存多少有讲究

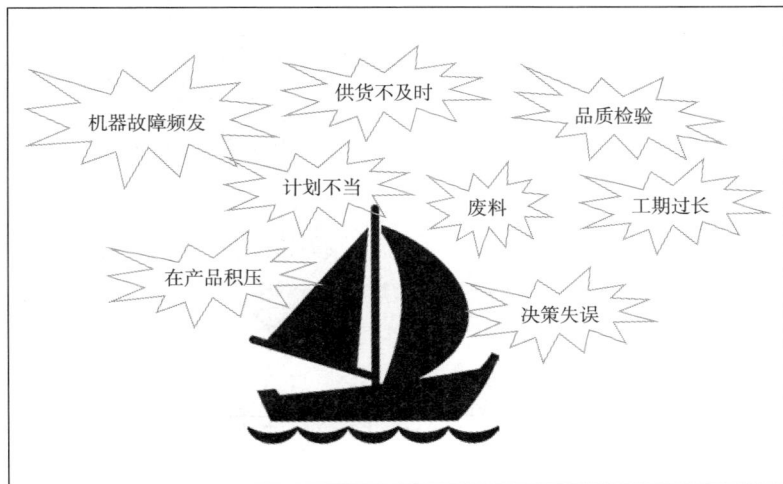

【必备知识】

1. 存货管理的目的

企业保留存货的原因一方面是为了保证生产或销售的经营需要，另一方面是出自价格的考虑，零购物资的价格往往较高，而整批购买在价格上有优惠。但是，过多的存货要占用较多资金，并且会增加包括仓储费、保险费、维护费、管理人员工资在内的各项开支。因此，企业进行存货管理的目标就是尽力在各种成本与存货效益之间做出权衡，达到两者的最佳结合。

2. 存货成本确认计量口径

存货是指企业在日常活动中持有以备出售的产成品或商品、处在生产过程中的在产品、在生产过程或提供劳务过程中耗用的材料和物料等。

不同视角下的存货成本对比见表 7-17 和表 7-18。

表 7-17　管理视角下的存货成本

取得成本		储存成本		缺货成本		
订货成本	购置成本	变动成本	固定成本	供料所致	缺货所致	丢单所致
为取得订单发生的办公费、差旅费、电话费等	存货本身的价值	仓库折旧、仓库职工的固定工资等	存货资金的应计利息、存货的破损和变质损失、存货的保险费用等	材料供应中断造成的停工损失	产成品库存缺货造成的拖欠发货损失	丧失销售机会的损失

表 7-18　会计视角下的存货成本

采购成本	加工成本	其他成本
购买价款、相关税费、运输费、装卸费、保险费以及其他可归属于存货采购成本的费用	直接人工以及按照一定方法分配的制造费用	除采购成本、加工成本以外的，使存货达到目前场所和状态所发生的其他支出

3. 存货发出对成本的影响

不同存货发出方法对当期损益及存货计价的影响见表 7-19。

4. 最优库存量的计算方法

首先，计算存货总成本，计算公式为：

存货总成本 = 每次订货成本 × 全年订货次数 + 单位储存成本 × 年平均存量

成本与订货量的关系如图 7-16 所示。

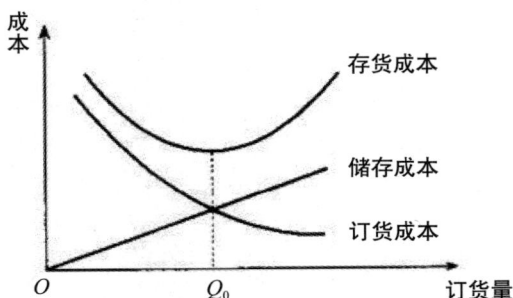

图 7-16　成本与订货量的关系

表 7-19 不同存货发出方法对当期损益及存货计价的影响

发出存货方法	入库顺序	出库顺序	产品销售成本	利润	所得税	期末存货
先进先出法（即先入库先发出）	物价上涨时 10、15、20	10、15、20	先购入货物成本低，发出存货价值低于市场价值；当期销售成本偏低	高	多	高
	物价下跌时 20、15、10	20、15、10	先购入货品成本高，先发出，当期产品销售成本高	低	少	低
后进先出法（即后入库的先发生）	物价上涨时 10、15、20	20、15、10	高	低	少	低
	物价下跌时 20、15、10	10、15、20	低	高	多	高
加权平均法	存货的加权平均单位成本=（结存存货成本+购入存货成本）/（结存存货数量+购入存货数量） 库存存货成本=库存存货数量×存货加权平均单位成本 本期发出存货的成本=本期发出存货的数量×存货加权平均单位成本					
移动加权平均法	每购进一批材料应重新计算一次加权平均单价	移动加权平均单价=（本次收入前结存商品金额+本次收入商品金额）/（本次收入前结存商品数量+本次收入商品数量）				
个别计价法	发出的存货分别认定其单位成本和发出存货成本的方法					

278

然后，根据存货总成本公式建立经济批量模型，对存货总成本求 Q 的一阶导数，并令其结果等于零，求解得：

$$最优库存量 = \sqrt{\frac{2 \times 全年需要量 \times 每次订货费用}{单位储存成本}}$$

【专家建议】

实务中，最优库存量的决策既要考虑订货成本、储存成本，还要考虑缺货成本、市场价格变动等多种因素。对于不同的企业来说，每种因素的重要性并不相同。财务管理中的最优库存量公式针对企业在订货成本和储存成本之间如何平衡给出了科学的计算方法，在企业存货决策中可以作为一个参考因素。此外，企业应当加强存货实物管理和财务管理的协调一致，保证存货相关信息的真实性。企业还应当重视存货发出计价方法的选择，以保证期末存货价值和当期利润数据的准确性。

【风险提示】

企业应当重视存货的基础管理工作，及时掌握设备维修情况、备件消耗情况及生产耗用材料情况，进而做出科学合理的存货采购计划。存货要定期清查盘点，发现问题及时处理。企业应当避免因管理不善出现的存货损毁、灭失、被盗、过期、混乱等问题。

【案例】

假设某公司每年所需原材料为 80 000 千克，单位成本为 15 元 /
千克，每次订货的变动成本为 20 元，单位变动储存成本为 0.8 元 /
千克。

企业经济订货批量 $=\sqrt{2\times80\,000\times20/0.8}=2\,000$（千克）

每年最佳订货次数 $=80\,000\div2\,000=40$（次）

最佳订货周期 $=360\div40=9$（天 / 次）

经济订货量平均占用资金 $=2\,000\div2\times15=15\,000$（元）

第八章

用财务分析助力过程管控
——经营之中"勤算账"

企业在经营过程中会涉及各种决策和管理，尤其是在资金、资产、利润、费用等事项的决策和管理中，往往需要财务分析提供支撑。企业通过独立事项的财务分析和定期的财务分析"勤算账"，可以让经营决策更加科学有效。

一、用财务分析助力资金管控

（一）资金计划不可或缺

在一次企业主的沙龙上，甲乙两位企业主与财务专家就资金计划讨论如下。

甲企业主："资金计划就是找钱的计划，我家不差钱就不用计划了。"

乙企业主："企业不差钱真不需要资金计划吗？"

财务专家："资金计划并非仅仅为了融资，更不是不差钱就不用计划。资金计划是保证企业资金正常流转和提高资金使用效益的重要工具"。

【必备知识】

1.资金计划的作用

资金计划是为了维持企业的财务流动性和适当的资本结构，以有限的资金谋取最大的效益，而采取的关于资金的筹措和使用的一整套计划。对企业而言，资金相当于人体的"血液"。资金不足会对正常的生产经营产生影响，严重者会因资金链断裂导致企业倒闭的风险。反之，资金量过于充裕会让企业背负较高的资金成本，降低企业的效益。一份好的资金计划可以在风险和效益之间给出最适当的平衡点。

2.制订资金计划应考虑的主要因素

企业制订资金计划应考虑的主要因素见表 8-1。

表 8-1　企业制订资金计划应考虑的主要因素

项目	分析要点
资金流量 三要素 （流入量、流出量、净流量）	（1）现金流量构成其盈余状况，对核心能力及获利能力的影响 （2）分析流向（现金流趋势）、关注资金来源及对用途的合规化审查 （3）流速分析（投入现金到收回现金时间长短）
资金申请 流程合规性	资金收支业务必须履行申请、审批、记录、支付、检查才能完成，并在规定时间内完成申请。资金申请受阻、请求申请被延期的，应对内外部因素及对应解决进行评价分析
资金使用 时效性	按周、月、季、年，定期组织资金计划执行情况对照分析，组织资金管控小组跟踪记录资金执行情况，及时解决资金困局，如融资方案与资金使用计划分析、项目资金投放进度表、资金使用计划与偏差表等分析

（续表）

项目	分析要点
投资者对盈利的要求	盈利企业迫于投资人要求要积极寻找扩充途径，增强不断积累的趋势，常见方式如增加股利支付、偿还借款、购买有价证券、兼并企业。扩张的前提是要注重分析企业维持现有生产后是否存有余力，切忌盲目扩张
企业扩充计划	扩充计划与募资计划是一对孪生兄弟，如果后续没有源源不断的供给，这场攻坚战自然打得惨烈。扩充计划会激化资金的需求，此时加快应收款项的周转，削减存货水平，在对外募资的同时加速自有资金周转效率
经营季节波动影响	销售与原材料采购都受到季节性波动的影响。销售淡季销量骤减、存货一般提前出清，减少应收款项以缓解自有资金压力，在旺季到来之前，企业需要垫付大量现金以供生产所需。待转入旺季，存货、应收款项都会迅速增长，现金收支回归正常水平。待旺季过后企业会积累过剩现金，现金存量过大，会丧失部分盈利机会。企业应做好现金短缺风险预测，加强现金收支预测准确性，务必实施对现金计划的动态监管，针对突发事件做好应急资金融通方案，以较少的现金储备应对日常经营需求，但要注意这一定是建立在极强的资金融通能力之上的。如果企业融资能力有限，资金储备量就要备好突发性现金需求
资金调控能力	企业管理层对资金管理意识及重视程度不高，财务人缺乏对收支及周转的调控能力，预算与执行两张皮等，都是造成资金紧张或过剩的原因

3. 资金计划的制订方法

企业资金计划一般按照月度滚动编制。资金计划中有三个比较关键的指标：期初资金余额、预计资金流入、预计资金流出。在期初资金余额与预计资金流入的合计数大于预计资金流出的时候，说明企业目前经营产生的自有资金可以维持正常运营，也就是企业有自造血的能力；反之，企业无法自造血，则需要寻找额外的资金支持，来补充企业的现金流。如果企业规模较小，业务单一，资金计划通常由财务部进行编制；如果企业规模较大，业务多元化或业务发展较快，那么通常就需要业务部门提交本部门的计划，由财务部进行整合，再据此编制资金计划。企业资金计划的制订应该与内部控制流程结合起来，履行一定的内部审核审批程序，至少要审批到财务总监级别。

【专家建议】

企业在制订资金计划时应当尽可能细化，将所有的资金余额、资金流入、资金流出事项考虑进来，并对可能出现的突发事项保留一部分预备金。期初的资金余额不能将所有银行账户的余额简单相加，而是需要区分不可用的余额、受限制的余额以及可以随意使用的余额，这样才能得到企业真实的可用资金余额情况。资金流入的计划要谨慎处理，需要相关业务人员与客户的积极沟通，也要判断客户的付款流程时间以及经营情况等，避免乐观估计资金流入情况。预测资金流出，需要按照期初资金余额以及资金流入的情况来安排付款的时间和节奏，在资金紧张的情况下要按照重要性进行排序。此外，企业至少每季度要对资金计划执行情况进行分析，对重大差异寻找原因，提出改进方法。

【风险提示】

资金链断裂对企业的影响可能是致命的。资金是企业的"血液"，一旦失血发生资金链断裂，企业可能会面临债主堵门催债、银行抽回贷款、供应商不再赊销、员工大量离职等多种危机。如果持续一段时间，就有可能导致企业破产。

[案例]

月度资金计划表示例

月份资金计划明细表

20××年×月××日

单位：　　　　　　　　　　　　　　　　　　　　　　　　　　　　　　　　　　　　单位：元

| 序号 | 款项名称 | 合同签订情况 | | | 合同执行情况 | | | | 本月资金计划 | | | 备注 |
		签订单位	合同总金额	付款比例	累计报量	累计付款	应付账款余额	按合同到期应付金额	计划支付	其中：承兑	累计支付比例	
1	项目管理费用											
2	税金（附纳税台账）											
3	归还借款贷款及利息											
4	代理费用、推广费用											

（二）资产使用效益为何不佳

【必备知识】

1. 什么是资产使用效率

资产是企业用来盈利的工具和保障。企业拥有的资产使用效率高，就能给企业带来更好的收益。站在财务管理的角度，资产使用效率的主要指标就是资产周转率，相关内容见表 8-2。

表 8-2　资产周转率

用途	计算公式	分析
衡量资产周转速度快慢的指标	资产周转率 = 本期销售收入净额 ÷ 本期资产总额平均余额	总资产周转速度越快，销售能力就越强，资产利用效率就越高，企业资产可供运用的机会越多，使用效率越高，反之则表示资产利用效率越差

2. 资产负债不能错配

一般来说，企业的资产流动性越强，获利能力越弱。企业长期资产过大，会导致流动性不足，容易出现资金短缺风险。反之，现金等流动性资产过多，则资产获利能力就会降低。企业可以从资产负债表的结构看出资产的使用效果，如图 8-1 所示。

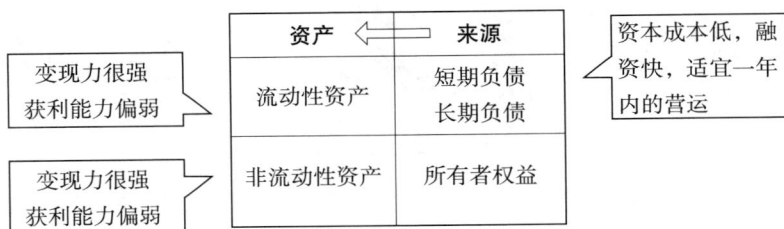

图 8-1　从资产负债表结构看资产使用效果

此外，从资金来源来看，企业资产的流动性要与负债和所有者权益的长短期相匹配。如果将短期借款用于厂房建造等长期资产，容易发生流动性风险。如果将长期借款用于存货，因长期负债资金成本高，存货收益难以覆盖融资成本。这就是常见的资产负债错配现象。

3. 营运资金使用效率分析

营运资金是企业流动资产总额减流动负债总额后的净额，即企业在经营中可供运用、周转的流动资金净额。营运资金使用效率反映了企业资金的周转状况，其高低取决于企业营运状况的好坏及管理水平的高低。例如，A 企业营业周期为 30 天，B 企业营业周期为 180 天，A 企业完成如图 8-2 所示的一次资金周转，迅速进入再生产。而营业周期长达半年的 B 企业资金周转速度慢，企业无法运营再生资金购买材料、支付工资。如果再次接到新的订单，B 企业就会出现资金短缺的风险。

资金周转过程如图 8-2 所示。

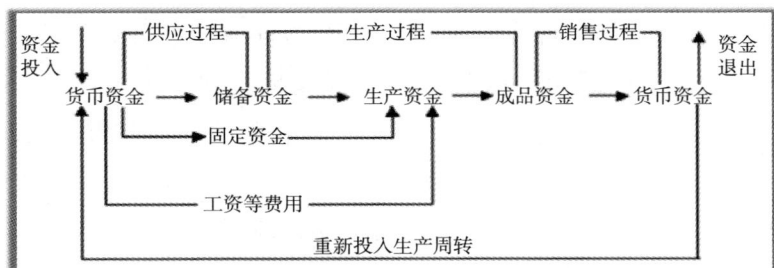

图 8-2　资金周转过程

企业的经营周期如图 8-3 所示。

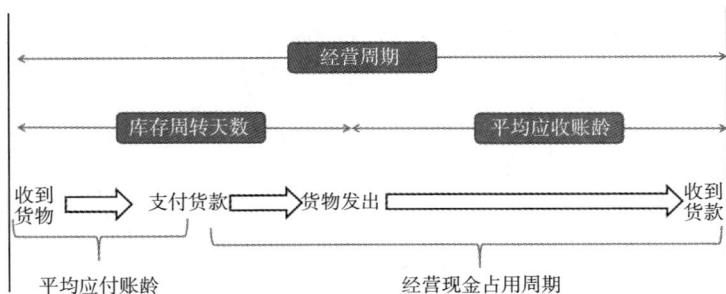

图 8-3　企业的经营周期

注：营业周期 = 存货周转天数 + 应收账款周转天数

　　经营周期 = 存货周转期 + 应收账款周转期 − 应付账款周转期

【专家建议】

企业在经营过程中需要不断提高资产使用效率以提高盈利

水平。资产使用效率的提高可以通过提高经营效率来实现，但又受制于资产结构和负债结构。企业需要保持一定的现金来维持其流动性，但现金的获利能力较弱，企业需要保持合理的资产结构，在获利能力和控制资金风险之间找到平衡点。同时，企业的资产需要负债和所有者权益来支撑，在与资产的搭配上，同样需要寻找降低资金成本和控制资金风险的平衡点。企业还应当重视短期的资金风险和资金效率，通常用流动比率（流动资产／流动负债）这一指标来判断。一般认为流动比率在2：1比较恰当，高了则会降低资金效率，低了会导致资金风险。当然，不同行业、不同阶段企业的比率应当有所不同。

（三）应收款项不能成为"坏账"

【必备知识】

1. 应收账款坏账及确认

坏账是指企业无法收回或收回的可能性极小的应收款项。由于发生坏账而产生的损失，称为坏账损失。企业应收账款符合下列条件之一的，应确认为坏账：（1）因债务人死亡，以其遗产清偿后仍然无法收回；（2）因债务人破产，以其破产财产清偿后仍然无法收回；（3）债务人较长时期内（如超过三年）未履行偿债义务，并有足够的证据表明无法收回或收回的可能性极小。

2. 应收账款分析

应收账款分析是应收账款管理的一项重要手段。企业应通过应收账款分析，实时掌握应收账款的动态情况和对企业整体财务情况的影响，判断发生坏账的可能性，以便及时采取措施。应收账款分析方法见表8-3。

表 8-3　应收账款分析

分析指标		分析内容
看比重	应收账款与收入比 = 应收账款余额 ÷ 主营销售收入	表明一元销售收入需要的应收账款。该占比长期过高，表明企业在经营关系中比较弱势，只能靠让渡资金使用权来获取订单，企业如果不能筹集更多资金，受困于赊销旋涡中，举步维艰
看效率	应收账款周转效率 应收账款周转次数 = 销售收入 ÷ 应收账款 应收账款周转天数 = 365 ÷（销售收入 / 应收账款）	企业的应收账款如能及时收回，资金使用效率便能大幅提高。一般情况下，应收账款周转率越高越好，周转率高，表明赊账越少，收账迅速，账龄较短，资产流动性强，短期偿债能力强，可以减少坏账损失 应收账款周转次数，表明应收账款一年中周转的次数，或者说明一元应收账款投资支持的销售收入 应收账款周转天数也称为应收账款的收现期，表明从销售开始到回收现金平均需要的天数。如果应收账款周转天数太短，企业也许奉行较紧的信用政策，付款条件过于苛刻，长此以往也会限制企业销售订单的扩大，影响企业未来盈利水平

（续表）

分析指标		分析内容
看账龄	按应收账款拖欠时间的长短，分析判断可收回金额和坏账。通常而言，应收账款账龄越长，其所对应坏账损失的可能性越大	应收账款账龄划分正确与否关系到对应收账款质量的判断，时间越长，账龄值就越大，发生坏账损失的可能性就越高
看迁徙	计算预期信用损失率的指标	应收账款迁徙率是当年未收回的应收账款迁徙到下一年度的比例，该比例越高，说明当年应收账款的回收率越低。例如，一年以内的回收率为 80%，故有 20% 会转移到次年

【专家建议】

应收款项，尤其是应收账款，属于企业的流动资产，具有较强的变现能力。但是，当企业应收账款总额较高、债务人较多时，应收账款的管理就会成为重要的财务管理课题。一方面，应收账款占比过高会占用企业的流动资金，降低资产使用效率；另一方面，应收账款长期不能收回，可能会产生坏账，直接造成企业损失。企业应当加强应收款项的管理，定期对应收款项进行财务分析，采取有力措施加强应收款项回收，避免更多的资金占用和坏账损失。

【风险提示】

别让自己的企业变成客户的"无息贷款银行"。绝大部分应收款项都可以通过对账、催款的方式收回。涉及诉讼的应收款项，合同、对账单、发货凭证等原始单据是证明货款发生最重要、最直接的证据，企业应当保留好。

【案例】

影视借壳第一股——长城影视的资金颓势

长城影视 2017 年应收账款上涨 34%，上涨金额达 12 亿元，占营收的 165%，呈现出余额较大且增速较快的趋势，其应收账款占营业收入的比例远超同行业其他上市公司。

2019 年 4 月，长城影视与控股股东长城影视文化企业集团有限公司（以下简称长城集团）签订了债权转让协议，将公司及子公司的部分应收账款转让给长城集团。长城影视方面表示，本次交易可助力公司减少应收账款的管理成本，缓解经营压力，增强资产流动性，改善资产结构，降低资产负债率。

（四）应付款项不能成为"糊涂账"

> 两位企业家在咖啡厅交流公司的财务问题。
>
> 甲："我刚收购了一家公司，各方面都挺好的，可会计就是不愿接手，说都是烂账，应收应付、其他应付挂得乱七八糟的。"
>
> 乙："我们公司的会计给我的往来账从来都不对，跟对方对账总是打架。"

【必备知识】

1. 应付账款与成本效益的权衡

应付账款是购买材料、商品或接受劳务供应等而发生的债务，这是买卖双方在购销活动中由于取得物资与支付货款在时间上不一致而产生的负债。很多人认为利用应付账款占用别人的资金，如同拿到一笔无息占用款，多多益善。供应商愿意赊销给企业，表明企业在上下游议价能力强，企业盈利强，信用良好，能帮助供应商大量销货。但这种占用资金方式是有限度的，如果超出限度，就会影响企业与供应商之间的关系。

2. 毛利率与应收应付账款增幅的对比

毛利率与应收应付账款增幅的对比见表 8-4。

表 8-4　毛利率与应收应付账款增幅的对比

毛利率＞应收应付账款增幅	企业整体议价能力较强	资金快速回笼，对外支付能力健康
毛利率＜应收应付账款增幅	企业整体议价能力较弱	资金无法回笼，但该付的一个都没少

3. 应付账款无法支付与无须支付的对比

应付账款无法支付与无须支付的对比见表 8-5。

表 8-5　应付账款无法支付与无须支付的对比

	无法支付	无须支付
区别	企业想付，因供应商原因无法实现支付	由于某种原因企业无须向供应商支付

（续表）

	无法支付	无须支付
情形	供应商倒闭、自然人债权人失踪列入"营业外收入"	购销过程中出现退货，退货款冲抵欠款；企业虚假采购，虚构成本，长期挂账不付
涉税	无法偿付的款项，根据《企业所得税法》的规定，需要在确认无法偿付当年度按规定结转收入缴纳企业所得税，不需要缴纳增值税	作为其他收入缴纳企业所得税和增值税

【专家建议】

很多企业认为应收账款是自己的钱，管理比较严格，但对于应付款项则疏于管理，造成很多麻烦。从法律意义上讲，应付款项是欠别人的钱，企业是有义务还给债权人的。如果产生纠纷，会对企业的信誉产生很大影响。企业应当定期核对应付款项，并与债权人进行对账，避免出现差异。同时，企业应当定期对应付款项进行分析，发现增长较快时，要分析原因并采取措施，避免出现资金风险。企业应当逐笔追查长期未支付的款项，分析未支付的原因，及时采取措施处理。

【风险提示】

应付账款不实不仅危害自身利益，还会让企业陷入经济风险。例如，采购物资时无视实际价款的存在虚增应付账款，利用职务的便利让实际款与应付款的差额进入"小金库"或返给自己。实务中还经常出现享有现金折扣的应付账款没有定期核对，财务也未实施动态监管，频见在现金折扣期内按发票原价支付货款，然后向供应商取回退款，以实现贪污现金折扣的情况。

（五）资金风险要警钟长鸣

> 企业主甲组织了一场沙龙，对资金问题做了如下讨论。
>
> 企业主甲："银行贷款又快到期了，可是账上钱不够，怎么办啊？"
>
> 企业主乙："人在江湖身不由己，感觉运营资金就要消耗殆尽了。"
>
> 企业主丙："企业有资金管理制度，支出财务也审核了，为何企业资金还是趋紧？"

【必备知识】

1.资金风险的表现和主要成因

资金风险的表现和主要成因见表8-6。

表8-6　资金风险的表现和主要成因

表现因素	主要成因
管理意识薄弱，管理缺失	（1）不强调资金预算管理 （2）盲目领用，生产研发环节频见多领不用，致使物资不断积压，而采购环节缺乏动态数据 （3）盲目采购，不考虑定额储备与市场需求变化，也不考虑资金占用及储存成本剧增

（续表）

表现因素	主要成因
管理意识薄弱，管理缺失	（4）对市场盲目乐观，一味追求高增长量，盲目加大生产，不惜高财务成本引入资金，使资金成本结构失衡。一旦企业出现举债经营，就要分析企业自身消化能力及偿债能力 （5）资金监管形成盲区，企业缺乏有效监管机制
资金缺乏计划性，资金运筹管理缺失	资金过于分散或被滞留，不能参与正常商品流转，沉淀的资金得不到充分的利用使资金完全丧失了时间效益

2. 防范资金风险的常用方法

防范资金风险的常用方法见表 8-7。

表 8-7　防范资金风险的常用方法

现金流集中管理	现金流预算密度	现金流量缺口	现金盈余管理
组织模式变革：报账中心模式、结算中心模式、区域财务中心模式实施实现集中管理企业成员单位现金流	时间跨度：预算涵盖时长资金规划周期	资金积压或短缺原因分析：经营转变所致还是管理不善、忽视成长周期盲目成长所致等	预防性资金：25%临时持有的资金储备
资金监管重心：大额付款现金盈余管理	间隔时间："一个都不能少"日现金预算周现金预算月现金预算季现金预算年现金预算	目前资金情况：当前可用资金量、当前资金用途及时限、资金使用成本效益分析等短期募资规模及资金扶持计划对接	交易性资金：50%满足日常经营（可控可预期）

（续表）

现金流集中管理	现金流预算密度	现金流量缺口	现金盈余管理
资金存量报：每日早上9点至10点取得资金存量报；根据本周资金计划及计划执行动态数据完成整体资金调拨	预算空间：经营单位每日下班前上报，总部汇编合并现金预算	呈现"资金荒"紧急应对方案银行信贷交涉、与上游供应商交涉争取最大赊账期、与债务人协商（提前还款、催收货款、抵押、变卖、保理等）、内部协商（改变激励方式、内部募集等）	投资性资金：25%为了获得高额回报

【专家建议】

企业资金风险的预警可以利用财务分析的几个重要指标来进行。资产负债率、流动比率、速动比率等均是资金风险的重要预警指标。其中，资产负债率侧重于长期的资金风险，流动比率和速动比率则侧重于短期的资金风险。企业应当参考行业标准，对比判断自身的资产负债率、流动比率、速动比率等指标所处区间，分析资金风险的大小。在日常财务分析中，企业发现上述指标变动较大时，要及时追查原因，确定是有利变动还是不利变动；发现资金风险急剧上升时，要及时采取控制措施。

【案例】

资金调度措施示例

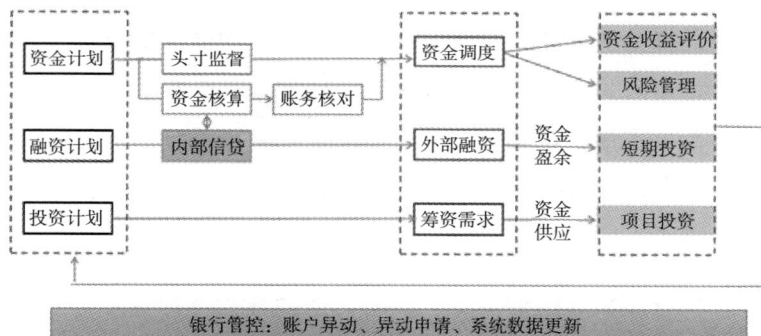

二、用财务分析助力资产管控

（一）"跳楼甩卖"可能并不亏

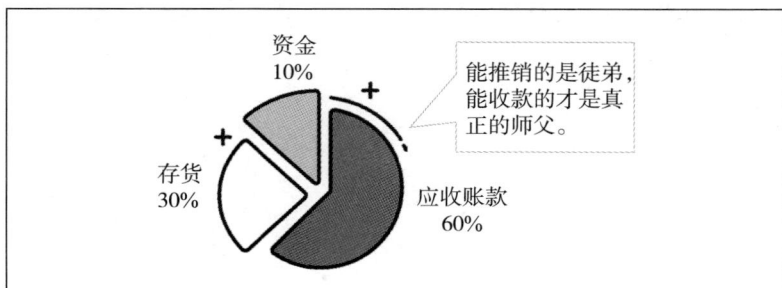

【必备知识】

1. 存货的资金占用成本

资金占用成本是企业因占用资金而向资金供应者支付的各种资金占用费。企业存货越多，其占用的资金也就越多，需要支付的资金占用费就越多，此时资产的使用效率低下。这种情况下，盘活企业存货，减少存货的资金占用才是正道。

2. 长期存货和存货积压的危害分析

长期存货和存货积压的危害分析见表 8-8。

【专家建议】

大量存货必然消耗大量成本，这对企业提高经济效益是非常不利的。存货的盘活不单单是某一部门的责任，企业应当建立部门间的有效沟通机制，集思广益，从思维起航，提高预测计划精准性，制定科学有效的管理制度，分解指标落实责任。一些长期无法正常出售的存货，企业应瞄准"过季"这一特点，以"秒杀""限时售罄""永不复卖"来激活消费者的购买欲望，尽快处理，也不失为止损的一种方法。当然，企业在做出此类决策之前应当进行财务分析，对比存货占用的成本与降价销售的成本，确定降价的幅度。

表 8-8 长期存货和存货积压的危害分析

问题	财务分析举例			
	异常指标预警	结构分析	因素分析	分析结果
存货居高不下怎么办	存货周转率（次数）＝销货成本÷平均存货余额	原料占比大	为了囤货、超量生产	（1）业务忽视资金占用，只重视供应量而忽视存货资金占用成本 （2）企业存货管理模式落后，存货监督力度不佳致使存货结构不合理，有的品种冗余、闲置浪费严重，没有实现动态整体协调 （3）无效存货挤占库存，无效存货长期占用大量流动资金，严重影响生产经营
	资金利用率公式＝利润总额÷资产平均总额	滞销产品及半成品占比大	市场研究不足、老化单一、不适销，质量不稳定，退货率高，销售渠道不畅，营销薄弱	

	业务分析与改善	
	业务问题举例	改善措施举例
市场营销分析	（1）缺乏信息动态监管，无法第一时间精准把握供需变化	（1）建立客户管理跟踪调查信息库，充分考虑需求的影响因素，避免客户需求订单与实际订单较大差异 （2）对客户积压要及时调换，并了解客户手中产品消化周期 （3）对小批量或订货建立优秀企业联盟，开辟新渠道，优中选优

（续表）

| 存货居高不下怎么办 | 市场营销分析 | （2）销售预测失真，未对客户进行划分和跟踪处理；客户订单预测数据不可避免地会添加利益色彩 | （4）对客户进行划分
➤可以将客户从时间上进行划分：
紧急客户（7天）、缓急客户（30天）、不急客户（60天～90天）、延缓客户（90天以上）
➤可以从客户需求上进行划分：
目标客户（定向销售，库存饱和）
活跃客户（实施精准营销成未来潜在需求）
僵尸客户（激活分类发掘需求后再匹配）
（5）不放大销售计划，减少不必要的市场投入 |
| | 研发创新分析 | （1）消费升级、产品更新迭代慢，市场竞争不足；市场与研发没有明确的沟通渠道，绝大多数新品滞销，创新不足，设计不足
（2）新项目立项启动生产后，研发批量生产无计划性
（3）研发批量生产后，研发人员参与度不高 | （1）设立研发与市场协同机制及长效沟通机制。对市场信息不断进行筛选、检验、反馈的循环协同，研发、吸纳市场提炼研发策略，市场吸纳研发提炼研发支点
（2）企业建立跨部门联合评价与奖励系统，有利于部门协同 |

（续表）

| 存货居高不下怎么办 | 采购分析 | （1）采购订单不合理
（2）紧急采购打乱了原有采购计划
（3）已经下单给供应商后客户取消了订单，货品不适配其他品类 | （1）建立采购管理委员会，对采购与供应商及生产部门有效衔接，实施采购跟踪调整
（2）紧急采购优选周边、运输便利的供应商
（3）采购与市场协同，与供应商洽谈采购意向，以便及时取消订单。例如，只订购通用物料，可采取如下措施协商。与供应商正式生产时间，以便及时取消订单。另外，市场部积极与客户洽谈协议尽量拖延送货周期，如遇客户需急特殊定制要加大索赔力度，以降低损失
（4）对供应商实施评审与分级管理，建立与供应商之间的信息交流平台 |
| | 生产分析 | （1）到货后质量、规格与生产不符
（2）生产现场管理混乱 | （1）建立生产管理委员会，对工艺变更、采购、客户需求、仓储影响等做出分析
（2）将需求与库存管理系统打通，订货滚动预测下启动动车房管理应对方案
（3）推行生产现场6S管理，超期存货建立看板机制，及时预警 |

【案例】

海澜之家 2021 年财报显示，全年实现收入 201.88 亿元，其中服装收入 194.35 亿元。在此收入规模下，存货总额达 81.2 亿元。纵观近几年的财报数据，海澜之家第三季度末的库存均在较高水平。企业在财报中披露了这部分存货的风险。

> ……
>
> 2. 存货管理及跌价风险
>
> 由于公司运营模式的特点，存货包含公司总部仓库的备货以及门店尚未实现销售的货品，同时主品牌海澜之家的产品销售两季，导致公司的存货规模较大，相应存货管理成本较高。
>
> ……

（二）固定资产也有可能是"累赘"

投资部新来的小王对固定资产折旧不是很理解，财务部李主管利用以下图形给予解释。

购入"原值"　　使用年限内　　清理"残值"

折旧计提减少各期利润

【必备知识】

1. 固定资产的分类和折旧

固定资产是指企业为生产产品、提供劳务、出租或者经营管理而持有的、使用时间超过 12 个月的，价值达到一定标准的非货币性资产，包括房屋、建筑物、机器、机械、运输工具以及其他与生产经营活动有关的设备、器具、工具等。从会计的角度划分，固定资产一般被分为生产用固定资产、非生产用固定资产、租出固定资产、未使用固定资产、不需用固定资产、融资租赁固定资产、接受捐赠固定资产等。企业在生产经营过程中使用固定资产而使其损耗导致价值减少仅余一定残值，其原值与残值之差在其使用年限内分摊，就是固定资产折旧。举例如下。

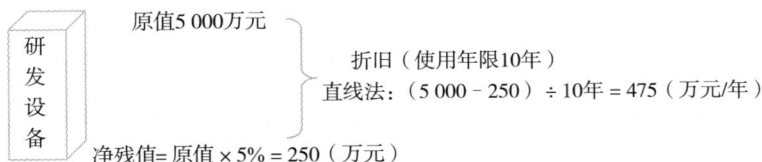

研发设备　原值5 000万元

折旧（使用年限10年）
直线法：（5 000 - 250）÷ 10年 = 475（万元/年）

净残值= 原值 × 5% = 250（万元）

2. 固定资产使用效率不高的危害及应对措施

固定资产使用效率不高的危害及应对措施见表 8-9。

表 8-9　固定资产使用效率不高的危害及应对措施

问题聚焦	业务分析	应对措施
布局不合理	企业购置设备后闲置，未达到预期效果又重新购置新设备，原设备提前进入报废状态。企业报损太过轻率，设备的效能未得到充分释放，降低了资产使用效率	大规模的项目投资要经过可行性研究、分析、论证，合理配置资产
设备快速老化	（1）突击超负荷生产 （2）原有设备不注意维护与保养 （3）维修与设备使用"两张皮" （4）设备维护计划缺失	（1）有效使用，合理安排生产 （2）更新维修理念，不能等机器坏了再修 （3）科学生产。在标准温度、湿度范围内使用 （4）建立超期服役设备管理办法，加强事前审查、事中监管、事后评价
设备故障处理不及时	（1）设备故障大部分因物料的腐蚀、过热、超压、粉尘等因素引起，如由于设备存放环境及使用操作不当引起故障，直至停工 （2）配件采购不及时、以旧换新	（1）设立设备故障应急应对方案 （2）开展故障预演，明确故障征兆、原因、后果和应急等具体步骤及流程 （3）采购加强配件管理，配件供应不及时影响生产要给予相应责罚 （4）设备点检标准及制度完善，在按保养计划的同时启动另一线巡检。动态监管设备的九定方式即定人、定点、定量、定时、定法、定线路、定标准、定考核、定记录

【专家建议】

企业的厂房、机器设备等固定资产，即使闲置不用也会产生自然损耗，在会计上体现为计提折旧，减少企业利润。当企业固定资产使用率不高时，企业应当对固定资产进行财务分析，结合业务现状和业务规划，测算保留固定资产产生的效益和带来的成本之间的关系，判断是否需要出售或者出租部分固定资产。针对正常使用中的固定资产，企业也应当定期进行财务分析，测算更新设备和保留原有设备对企业效益情况的影响，必要时进行设备升级换代。

三、用财务分析助力利润管控

（一）盈利状况务必"勤分析"

> 盈利模式
> ➤ 拼多多盈利模式：服务、广告、批发、金融、电商运营
> ➤ 拼多多赚钱方式：竞价排名、展现广告、资源坑位、活动会场坑位、店铺装修模板、抽取销售佣金等

【必备知识】

1. 企业利润的来源和计算方法

企业利润创造的过程像一个过滤系统，从营业收入到营业利润，从营业利润再到净利润。如图 8-4 所示。

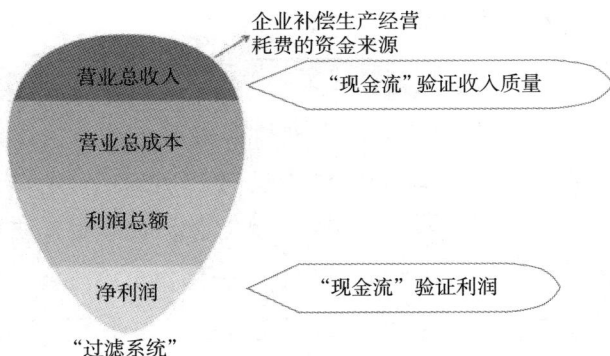

图 8-4　企业利润的来源

企业利润的计算方法见表 8-10。

表 8-10　企业利润的计算方法

	项目	说明
经营活动	主营业务利润	企业主营业务产生的利润
	＋其他业务利润	偶发，每笔金额较小，占收入的比重较低
	＋投资收益	企业对外投资产生的收益
	＝营业利润	企业从事生产经营活动中取得的利润，是企业利润的主要来源 营业利润等于主营业务利润加上其他业务利润，再减去营业费用、管理费用和财务费用后的金额
非经营活动	＋营业外收支净额	毁损报废、债务重组、政府补贴、盘盈、捐赠等与日常经营活动无关事项形成利得或者损失
	＝利润总额	企业在一定时期内通过生产经营活动所实现的最终财务成果
	－所得税	
	＝净利润	企业当期利润总额减去所得税后的金额，即企业的税后利润

2. 如何读懂利润表

利润表的格式和结构分析见表 8-11 和表 8-12。

表 8-11　利润表

20×× 年　　　　　　　　　　单位：人民币元

项目	本期金额	本年累计
一、营业总收入		
减：营业成本		
营业税金及附加		
销售费用		
管理费用		
研发费用		
财务费用		
其中：利息费用		
利息收入		
资产减值损失		
信用减值损失		
加：公允价值变动收益		
投资收益（亏损以"-"号）填列		
其中：联营企业和合营企业的 　　　　　投资收益		
资产处置收益		
其他收益		
二、营业利润（亏损以"-"号）填列		
加：营业外收入		
其中：非流动资产处置利得		

债主

（续表）

项目	本期金额	本年累计
减：营业外支出		
其中：非流动资产处置损失		
三、利润总额		
减：所得税费用	🍎 ⫸ 税务	
净利润	🍎 ⫸ 股东	

表 8-12　利润表结构分析与快速诊断

项目	1	2	3	4	5	6
主营业务利润	盈	盈	盈	盈	亏	亏
营业利润	盈	盈	亏	亏	亏	亏
利润总额	盈	亏	盈	亏	盈	亏
净利润	盈	亏	盈/亏	亏	盈/亏	亏
健康诊断	正常	查找亏损原因，确定健康与否	继续会有破产风险	垂危阶段		

3. 如何利用毛利率分析利润表

利用毛利率分析利润表的方法如表 8-13 所示。

表 8-13　利用毛利率分析利润表

问题聚焦	财务评价指标	指标分析
产品效益 如何	毛利 商业企业商品销售收入（售价）减去商品原进价后的余额，即不含税售价减去不含税进价	 实务中，很多人以为边际贡献俗称毛利。这是大大的错误，千万不要搞混。**商品销售毛利率**直接反映企业经营的全部、大类、某种商品的差价水平，是核算企业经营成果和价格制定是否合理的依据
	毛利率 销售毛利率，是一个衡量盈利能力的指标。毛利率越高则说明企业的盈利能力越强，控制成本的能力越强。但是，不同规模和行业的企业，毛利率的可比性不强。 毛利率＝（销售收入－销售成本）÷销售收入 ×100%	跟别人比一比：毛利率显著高于同业水平，说明企业产品附加值高，产品定价高，或与同行比较企业存在成本上的优势，具有竞争力 跟自己比一比：与历史比较，如果企业的毛利率显著提高，则可能是企业所在行业处于复苏时期，产品价格大幅上升。毛利率显著降低，则可能是企业所在行业竞争激烈，毛利率下降往往伴随着价格战的爆发或成本的失控，这种情况预示产品盈利能力的下降

【专家建议】

获取利润是企业的主要经营目标，企业盈利状况分析理应成为财务分析的核心点。企业盈利的分析指标比较多，常见的有毛利率、净利率、净资产收益率、总资产收益率、销售净利率等。这些盈利指标从不同角度反映企业的盈利状况和盈利能力，在实务中应当结合使用。企业的盈利状况要"勤分析"，至少每月一次，发现盈利指标有变动的，企业应当继续追查引起指标变动的业务原因，并进一步提出改进措施。

【风险提示】

企业的财务分析是一种"财务体检"，是查找经营问题的重要手段，一定要保持较高的频率。不进行财务分析，或者每年只进行一两次财务分析的企业，出现了经营问题而不自知，会造成很多本可以避免的损失。

【案例】

竹园国旅毛利高于同业水平

中国证监会关于竹园国旅毛利率水平明显高于可比公司可比业务水平，销售费用率明显低于可比公司水平提出疑问。

	竹园国旅	欧洲出境游	亚洲出境游	大洋洲出境游
综合毛利率	7.64% 和 7.33%	7.01% 和 6.95%	9.26% 和 8.01%	–0.69% 和 6.63%

（续表）

	竹园国旅	欧洲出境游	亚洲出境游	大洋洲出境游
预测毛利率	7.31% 7.27% 7.21% 7.14% 7.15%	由6.65%下降至5.76%	由8.30%上升至9.17%	6.10%下降至4.49%

北京中证天通会计师事务所就毛利问题给予回复：

一、竹园国旅毛利率水平高于可比公司水平的原因及合理性

出境游批发业务毛利率受业务规模、品牌影响力和市场占有率、产品定位、供应商和客户关系以及议价能力等多个因素影响。竹园国旅在出境游批发领域保持行业领先地位，业务规模大，市场占有率高，拥有明显的品牌影响力和龙头效应，与上游供应商和下游代理商具有良好的合作关系，并拥有较强的议价能力，同时，竹园国旅协同众信旅游充分发挥规模优势，进一步有效提升议价能力及成本控制能力，毛利率高于可比公司水平具备合理性。

竹园国旅仅从事出境游批发业务，同行业公司主营业务中出境游业务均包括出境游零售业务，且出境游仅为主营业务之一，具体如下表所示。

证券简称	主营业务构成
凯撒旅游 （000796）	主要从事旅游业务与航食、铁路配餐业务。具体如下： 1. 航空配餐及服务 10.40%，铁路配餐及服务 2.40% 2. 旅游服务 87.00%，其中公民批发 16.03%，公民零售57.74%，企业会奖 13.22% 3. 物业租业务及其他 0.20%

（续表）

证券简称	主营业务构成
众信旅游 （不含竹园国旅） （002707）	主要从事出境游业务（批发、零售）、整合营销业务、其他旅游业务和其他行业产品。具体如下： 1. 出境游业务 84.93%，其中批发 55.95%，零售 28.98% 2. 整合营销业务 12.41% 3. 其他旅游业务和其他行业产品 2.66%
中国国旅 （601888）	主要从事旅行社业务和免税业务，其中旅行社业务主要包括入境游、出境游、国内游、会奖旅游、签证服务、商旅服务、航空服务、电子商务等业务；免税业务主要包括烟酒、香化等免税商品的批发，零售等业务。具体如下： 1. 商品贸易 55.23%，其中免税商品 52.54%，有税商品 2.68% 2. 旅游服务 43.41%，其中出境旅游 22.84%，国内旅游 11.51%，境外签证 3.48%，入境旅游 2.36%，票务代理 1.96%，其他服务 1.26% 3. 其他业务 1.46%

业务构成具有明显差异，也是导致费率不同的重要因素。

（二）"横向纵向"多对比

常见的财务分析方法见表 8-14。

表 8-14　常见的财务分析方法

比一比	比较法	比较财务活动中的数量关系和存在差距并发现问题	实际—计划 今天—昨天 自己—别人

（续表）

除一除	比率法	反映财务要素构成及效率情况	构成比率＝某个组成部分 ÷ 总体 效率比率＝投入 ÷ 产出 相关比率＝部分 ÷ 总体
画一画	趋势分析法	分析项目的变动情况和趋势	画：变动方向、变动幅度 想：变动原因、变动性质、预测前景
排一排	因素分析法	反映出事物内在联系的、固有的、决定事物本质特征的因素	基期（计划）指标 $M_0 = A_0 \times B_0 \times C_0 \cdots$（1） 第一次替代 $A_1 \times B_0 \times C_0 \cdots$（2） 第二次替代 $A_1 \times B_1 \times C_0 \cdots$（3） 第三次替代 $A_1 \times B_1 \times C_1 \cdots$（4）

【必备知识】

1. 横向纵向对比法

企业盈利能力分析，无论是利润、营业利润、净利润等绝对值指标，还是毛利率、净资产收益率、销售利润率等相对值指标，横向和纵向的对比都是最常用和最基本的方法。横向纵向对比法见表 8-15。

表 8-15 横向纵向对比法

对比	分析
实际与计划、预算、定额进行比较	揭示实际与计划、预算、定额之间的差异，了解计划完成情况
本期实际与上期实际完成对比分析	分为同比和环比，对比分析盈利情况的发展趋势
企业与行业其他企业对比分析	了解企业在行业所处的位置，找出与先进企业的差距，改善经营管理，赶超先进水平

2. 对比的主要内容

对比的主要内容如图 8-5 所示。

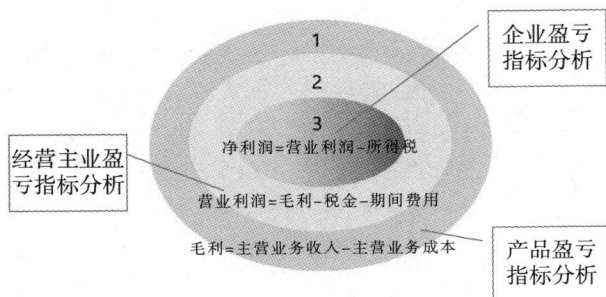

图 8-5 对比的主要内容

对比分析的主要分析指标见表 8-16。

表 8-16 对比分析的主要分析指标

财务分析指标		公式	用途
产品盈利分析	毛利	毛利 = 主营业务收入 – 主营业务成本	毛利决定着产品竞争能力
经营主业盈利分析	营业利润	营业利润 = 毛利 – 税金 – 期间费用	营业利润决定一段期间的经营活动的成果，经营利润是获得利润中最主要、最稳定的来源
经营主业盈利分析	息税前利润（EBIT）	EBIT = 净利润 + 所得税 + 利息 EBIT = 经营利润 + 投资收益 + 营业外收入 – 营业外支出 + 以前年度损益调整	衡量企业主营业务的盈利能力

（续表）

财务分析指标		公式	用途
企业盈利分析	净利润	净利润＝利润总额－所得税	净利润是衡量一个企业经营效益的主要指标

【专家建议】

　　企业利润是收入减去成本费用后的差额。在进行盈利分析时，企业不能仅仅对利润本身的数据进行对比，而要通过分析收入、成本、费用等影响利润的主要项目和相关比率分析，查找与预算、同期、上期、行业内企业的差异，进一步分析原因，并提出改进措施。一般来说，同行业的数据获取有一定难度，且及时性很难保证，企业可以考虑在半年度和年度分析中重点进行对比分析。在季度和月度的分析中，企业更应当重视与企业预算、上年同期和上期的对比分析。在收入和成本的分析中，企业要结合业务指标，进一步细分到不同产品、不同区域的销售量、销售单价上，以及耗用的材料、人工等数量和单价上。只有通过细致的分析对比，才能找到与预算、同期、上期的变动差异原因，这也有利于确定具体责任部门和责任人，并提出合理的整改措施。

【风险提示】

　　财务分析不能只对比不分析。有些企业进行财务分析时，仅对资产负债表、利润表、现金流量表里的一些项目进行对比，计算出差异，但没有找出差异原因，更不能提出具体的整改措施。这种财务分析深度远远不够，无法真正发挥财务分析的决策辅助功能。当然，做好财务分析的一个重要基础是要结合企业业务设计出一套适用的基础表格和分析表格，只利用财务的三张主表远远不够。

【案例】

春兰股份毛利与降价空间

2021 年，春兰股份在围绕"库存空调产品全部清库"销售目标的同时，加大绿色节能技术的研发力度，持续开发出符合新能效标准要求的产品，丰富产品型谱，增加客户选择产品的余地，并继续按市场需求委托关联方和其他单位进行生产，以降低成本和费用。为降低公司经营成本，公司在消化库存的同时，继续根据市场需求委托关联方生产部分产品并进行采购。

根据趋势分析，2021 年第二季度公司的目标成本不降反升，面对成本上涨后，公司应积极思考如何向管理要效益的问题。

（三）高业绩"虚""实"探究成长奥秘

业绩持续增长就是好公司吗？

"我不是一般的鸟"我不是虚胖，我只是聚焦主业、厚积薄发。

【必备知识】

1. 高业绩就意味着实力强吗

正所谓"不以一时论得失""不以一时论英雄"，当我们看企业业绩时，不要只盯着其中一期，而要看企业未来至少3～5年的成长性。我们可以通过以下几个问题进行分析。

（1）主业贡献还是非主业贡献的主营业务收入大？

（2）生产效率提升，产能释放推动了主业收入剧增？

（3）市场转型成功或开拓新市场激发了主业收入增长？

（4）实施了并购导致收入大幅上升，多元发展寻找新盈利点？

（5）由于季节波动涨价引起的周期性业绩增长？

2. 业绩增长"后劲不足"的表现

企业业绩增长"后劲不足"的表现见表8-17。

表 8-17 业绩增长"后劲不足"的表现

	情形	分析
表上 "富贵"	收入增长假象	近几年应收不断攀升，盈利不升反降； 近几年应收不断攀升，应收增速远超营收
陷入 成长危机	以产品为中心转型为以客户为中心，高昂的获客成本与低效成交造成成长的瓶颈	营业额增长迅猛，营业成本增速高于营收。高增长、高投资带来资本金赶不上企业规模扩张的问题，随时夭折
陷入 资金危机	高业绩增长伴随着资金供应不足	企业主营业务收入、主营业务利润都呈现增长态势，但现金流量指标的增幅明显落后于主营业务的增长，资金压力较大

【专家建议】

企业业绩的高低一般以收入和利润两个指标作为判断依据。以收入为主要判断指标时，企业要关注收入的可持续性。如果伴随着收入的高增长，企业应收账款增速更快，或者收入的高增长带来成本更快速地增长，企业毛利和净利润反而在下降，则收入增长的可持续性就要打一个问号。以利润为主要判断指标时，企业要关注与利润相关的经营活动现金流量。在利润高速增长的时候，如果相应的经营活动现金流量并未同步增长甚至下降，说明高增长的利润还没有转换成"真金白银"，其真实性和可持续性也要打一个问号。当然，不同企业所处的经营环境、行业、市场，以及企业本身的阶段、产品、技术等特点不同，出现这些情况时，需要进一步分析原因，结合业务情况综合进行判断。

【案例】

利用毛利率分析财务造假

一个成熟的企业在经济环境稳定的情况下，销售毛利率应处于一个稳定的水平。一旦毛利率出现大幅增长时，很可能就是财务造假的预警信号。

毛利率大幅增长异常分析

报表数据异常现象	异常分析
存货周转速度低于同业	存货周转率下降，说明企业的库存商品出现滞销，企业资金周转也可能会出现困难，此时毛利率理应呈下降趋势
应收账款增加的同时应付账款减少	毛利率高代表企业行业竞争力提升，产业链地位提高。此时大多数企业会选择占用上游供应商资金，应付账款应当只增不减
销售费用高于同业	销售费用率高，表示企业在产品营销上投入甚大，也就预示着产品缺乏竞争力，要靠营销手段（如广告、宣传、促销、让利等）打开市场，企业销售难度高，通常情况下此时企业毛利率是偏低的
研发费用低于同业	一般来说，研发投入越高，企业创新竞争力越强，毛利率越高

（四）费用分析要看"事"

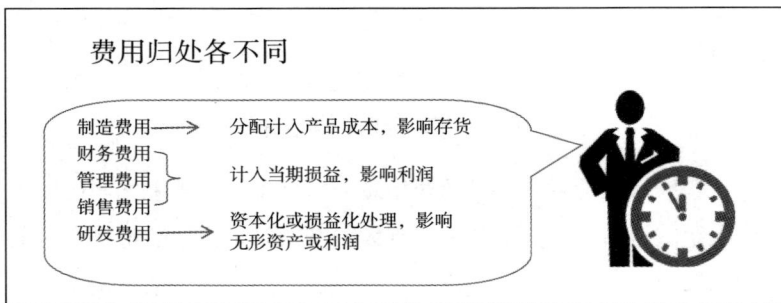

费用归处各不同

制造费用 → 分配计入产品成本，影响存货

财务费用
管理费用 → 计入当期损益，影响利润
销售费用

研发费用 → 资本化或损益化处理，影响无形资产或利润

【必备知识】

1. 企业核心利润与费用管控能力

期间费用是企业从事管理活动的成本支出，其支出效益体现了企业的管理能力。

核心利润＝营业收入—营业成本—营业税金及附加—销售费用

—管理费用—财务费用

企业核心利润与费用的关系如图 8-6 所示。

图 8-6　核心利润与费用的关系

企业的各项期间费用对比见表 8-18。

表 8-18　期间费用对比表

类别	定义	指标分析
销售费用	指企业**销售**商品和材料、提供劳务的过程中发生的各种费用，包括运输费、装卸费、保险费、推广费支出及后续支出等	旨在帮助管理层了解销售费用变动趋势的对比分析，及时发现某些异常费用。例如，企业销售模式发生了变化，在经销模式下销售费用的支出要小于直销模式 注意：指标波动预警 一旦销售费用占营业收入的比例不升反降，有可能是企业隐瞒了销售费用，从而达到增加企业利润的目的
管理费用	指企业行政管理部门为组织和**管理**生产经营活动而发生的各种费用，包括董事会费、咨询费、诉讼费、业务招待费、办公费、固定资产折旧等	管理费用是一项固定费用，在一定时期内或维持一定的生产规模时，一般不会受业务量变动的影响。该指标过高，企业可能出现机构臃肿、人浮于事、效率低下；指标过低则会降低员工积极性，或者暗示管理存在重大漏洞，管理能力低下 注意：在确保指标与实际业务相符的基础上将该指标与预算对比，分性质、用途、项目、部门甚至细分至个人进行差异分析
财务费用	指企业为筹集生产经营所需资金等而发生的费用，包括利息支出、汇兑损益、手续费，以及筹集生产经营资金发生的其他费用	财务费用过高，说明企业过度依赖对外融资，或者融资能力不足导致融资费用率偏高。财务费用过低则可能说明企业未能充分利用外部融资提升企业效益 注意：存贷双高 企业的货币资金和带息负债都很多即为存贷双高现象。一边需要支付高额的财务费用，一边账上还保留大量的现金，造成企业资源的浪费

（续表）

类别	定义	指标分析
研发费用	指研究与开发某项目所支付的费用	一般情况下，一个企业研发投入大，说明未来的发展向好。但研发费用也不是越多越好，应该结合企业实际情况量力而行。而且，研发活动风险很大，如果在失败前期投入费用则会"打水漂"

2. 如何把钱花在刀刃上

花钱是战略！企业的钱是否花在了刀刃上，一方面要看费用支出是否与经营计划一致，如果一致，就是"刀刃"；另一方面要看费用的上升对业绩形成支撑还是拖累，如果是支撑，则是"刀刃"，如果是拖累，则必须"砍"。费用管控不是不让花钱，更不是年底突击花钱，而是要不断分析成本费用支出的变化及使用方向，判断其与收入和利润的关系，要使其对业绩形成支撑。此外，成本费用应当允许波动，但波动应在合理范围内。

【专家建议】

企业对费用进行财务分析时，不能仅列出不同费用的金额差异，而是要找出费用差异的原因，进一步分析费用增长的必要性，在此基础上提出改进措施。企业要逐步实现"以事控费"，即先分析与费用相对应的事项是否应当做，应当如何做，合理的费用应该是多少。例如，企业在分析差旅费、会议费时可以考虑每次出差和会议是否必要，必要的话人数是否可以减少、现场会议是否可以改成线上会议等。

【案例】

春兰股份成本费用对核心利润影响

春兰股份近 10 年核心利润走势图

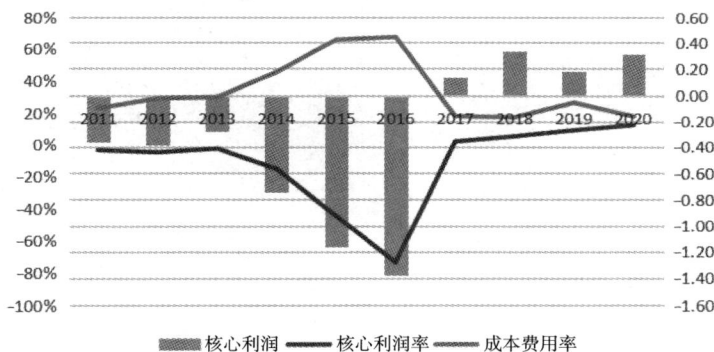

春兰股份收入增长率与期间费率对比

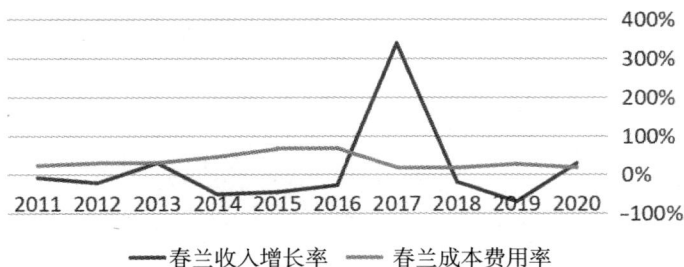

第九章

用财务分析助力监督评价
——年度终了"算总账"

企业年度经营结束后，需要根据经营业绩情况"论功行赏"。在进行绩效评级和业绩考核时，企业一方面要防止分子公司和相关部门为了私利舞弊和造假，另一方面也要用适当的评价指标客观地进行绩效评价。通过财务分析识别舞弊行为和财务造假，能够提高评价数据的质量，而针对不同的组织选用不同的财务评价指标，则更能有效激励内部人员提高绩效水平。

一、用财务分析助力查找舞弊

（一）舞弊行为知多少

【必备知识】

1. 财务舞弊（会计造假）与会计差错的区别

财务舞弊（会计造假）与会计差错的区别见表 9-1。

表 9-1　财务舞弊（会计造假）与会计差错的区别

	财务舞弊（会计造假）	会计差错
定义	财务舞弊是舞弊行为的一种，指针对企业财务报表的舞弊行为。实务中，财务舞弊和会计造假经常被混用。会计造假指企业在会计核算过程中，违反国家法律法规和准则制度，做假账和编制虚假会计报表的行为	会计差错是指财务人员在会计核算时，由于计量、确认、记录等方面导致的错误
目的	骗取上市资格 偷逃税款 骗取银行存款 骗取投资等	在确认、计量、记录过程中由于种种原因会产生差错，无明确目的
区别	有意为之	无意失误
后果	（1）对上市公司而言，主要会受到证监会的行政处罚，如罚款、警告等，严重者需要承担刑事责任，且需要赔偿投资者损失 （2）对非上市公司而言，区分报表使用者承担不同责任。如税务机关对偷税漏税的行政处罚，罚款、加收滞纳金等，严重者承担刑事责任。财政部门对于会计造假的企业和责任人也会处以罚款等行政处罚	影响会计信息的可靠性，而且可能误导投资者、债权人和其他信息使用者，使其作出错误的决策或判断。一般的会计差错监管部门不会进行处罚，但会影响企业信誉

2. 业务领域中的舞弊行为举例

业务领域中的舞弊行为举例见表 9-2。

表 9-2 业务领域中的舞弊行为举例

业务领域	舞弊行为	识别技能
采购领域	（1）串标、陪标、围标、故意流标、私开标书、泄露标底、化整为零、询标误导、封锁信息、评标漏洞、排他条款、设置障碍（2）提高门槛、拖延业务、低价竞标高价签约、简化标、凑标、本地标、分标、特殊标、人情标	（1）不标明或不详尽表明产品的型号、规格，保管人入库无法审查缺失（2）同一产品，却来自不同生产厂商形成价差（3）假借采购专业性强产品进行舞弊，造成产品与信息不对等、证据缺失（4）评标人员在评标中不能正确履行职责、监督机制或监督人员不到位，使得采用招投标方式采购的价格比非招标方式采购的价格还高（5）生产制造商将随产品销售赠给购买者设备的附件，不在合同条款中反映，窃为己有等
销售领域	虚构客户、粉饰业绩、分割销售期间、附有退货条件	（1）虚构交易，如利用外部资金为本企业"刷单"（2）客户资质审查、赊销授信、产品定价和对客户的收款造假（3）对销售期间不适当的分割，提前或延后确认收入（4）存在客户长期超期欠款企业仍在进行应收账款大量质押、动产质押、股权质押（5）对于属于在某一时段内履约的销售，通过高估履约进度的方法实现当期多确认收入

【专家建议】

企业的舞弊行为多种多样，舞弊的表现和目的也各不相同，大体可分为企业自身的舞弊行为和企业内部人员的舞弊行为。企业自身的舞弊行为一般是企业为了达到上市、融资等目的，由管理层组织或默许的；而企业内部人员的舞弊行为则是企业内部人员为了个人或小团体的利益而实施的舞弊。财务舞弊大多属于前者，业务舞弊大多属于后者。无论是何种舞弊行为，都不会天衣无缝，总会留下蛛丝马迹。企业在查找舞弊时应当利用财务分析工具寻找线索，发现异常。

【风险提示】

无论何种舞弊行为，均会给企业带来不利影响。上市公司的财务舞弊会受到证监会的严厉处罚，相关责任人甚至会承担刑事责任，而对投资者的赔偿可能会让责任人倾家荡产。即使不是上市公司，因为舞弊行为造成事实上的偷逃税款、骗取贷款等，也会受到相关部门的严厉处罚。企业内部人员通过舞弊行为中饱私囊，轻者被企业辞退，重者可能承担刑事责任。

【案例】

2021 年，证监会对上市公司的财务造假行为作出了大额处罚。例如，对乐视网、贾跃亭分别罚款 2.4 亿元和 2.41 亿元，宜华生活及刘绍喜分别被处以 600 万元、930 万元罚款，同济堂、张美华、李青夫妇分别被处以 300 万元、500 万元罚款。从财务造假方式来看，大部分企业通过多种手段虚增营业收入或少记财务费用，从而虚增利润。例如，2015 年至 2018 年上半年，金正大虚增收入230.73 亿元，虚增利润 19.9 亿元；2016 年 4 月至 2019 年 6 月，天夏智慧虚增收入不低于 30.86 亿元，虚增利润不低于 11.48 亿元。此外，还有一部分企业虚增银行存款，如康得新、宜华生活等。

（二）如何看穿财务报表假象

【必备知识】

1. 利用三大报表识别财务造假的思路

利用三大报表识别财务造假的思路如图 9-1 所示。

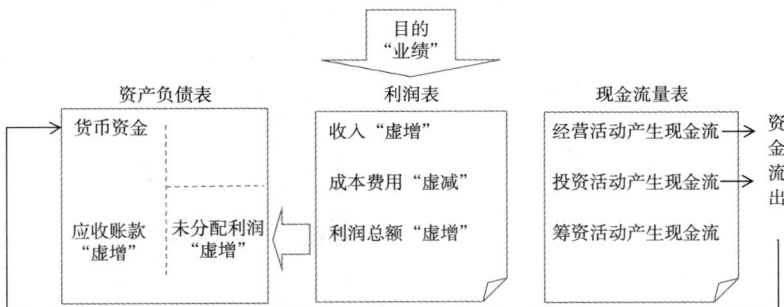

图 9-1　利用三大报表识别财务造假的思路

2. 财务报表舞弊的特征

（1）净利润与未分配利润的钩稽关系

资产负债表

所有者权益项目	年初	年末
未分配利润	①	③

利润表

净利润	②

①＋②＝③

企业用虚假财务报表做"伪证"，虽然造假过程不尽相同，但都是有迹可循的。财务造假歪曲企业真实的经营业绩，催生经济犯罪的同时也会打击投资者的信心。大数据时代下，"真实、公允、信用"才是企业发展的通行证。

（2）财务造假就是"掩耳盗铃"

内外因素变化直接导致企业财务指标的异动，我们只要找出可能存在的影响与财务报表真实性的环境证据，就可以判断财务报表粉饰的可能性和严重性。财务造假手段与财务报表指标异动见表9-3。

表9-3　财务造假手段与财务报表指标异动

财务造假手段	财务报表指标异动
虚增资产、低估负债 低估资产、虚增负债	资产负债表 资产 ⬆ ⬇　负债 ⬇ ⬆
虚增收入、虚减收入 虚减成本费用、虚增成本费用 虚增利润、虚减利润	利润表 收入 ⬆ ⬇ 成本费用 ⬇ ⬆ 利润 ⬆ ⬇ 关联交易

（3）企业可以结合生产设备增加情况、开工效率、能耗、人工成本变化核对收入增加的合理性。

3. 如何查找财务舞弊

查找财务舞弊的途径见表 9-4。

表 9-4　查找财务舞弊的途径

财务造假高发地	货币资金、应收账款、预付账款、存货、其他应收款、固定资产、在建工程、长期股权投资等
证据链相互佐证	利用合同、支付采购资金划转单、银行对账单、采购运输合同、运费支付凭证、原材料出入库单、生产通知书、产品出入库单、销售合同及佣金核对资料、销售回款凭证等系统印证
关联关系与关联交易	前五大供应商、前五大客户、集团内部关联企业

【专家建议】

企业外部投资者等利益相关者通过企业对外披露的财务报表判断财务舞弊难度较大，但如果对企业所处行业和企业历史情况较为熟悉，也能通过财务报表发现一些蛛丝马迹。如果要考虑投资，投资者可以通过审计和尽职调查等方式评估企业。企业管理层识别内部的财务舞弊相对比较容易，通过对相关货币资金、应收账款、存货等资产的证据资料和现场查看等方式，或者通过业务部门的数据和财务数据对比分析等，都能轻易发现财务舞弊。企业在日常经营过程中，应对子公司、被投资企业等机构的财务报表进行定期分析，这样一方面可以了解这些企业的盈利能力等情况，另一方面也可以及时发现财务舞弊和会计差错等问题。

【案例】

翼捷股份产量增速不匹配

智能仪器仪表	2019 年	同比增幅
产能	42.3 万台	57.72%
产量	46.14 万台	58.66%
产能利用率	109.08%	
智能传感器	2019 年	同比增幅
产能	8.22 万件	21.24%
产量	8.2 万件	18.67%
产能利用率	99.76%	
报警控制主机	2019 年	同比增幅
产能	1.92 万套	23.07%
产量	1.95 万套	27.45%
产能利用率	101.56%	

无新生产线添置

资产	2019 年	同比增幅
固定资产原值	3 453 万元	2.58%

目前产能饱和

能耗	2019 年	同比增幅
电量（度）	61.46 万度	31.75%
电费	21.02 万元	16.21%
其中：产品用电		−16.88%
产品电费		−26.67%

无加班生产痕迹

用工	2019 年	同比增幅
人数	56 人	−17 人

无招工迹象

	2019 年	同比增幅
营业收入	2.05 亿元	20.19%

为何能完成？

项目		2018 年	2019 年
毛利率	翼捷股份	64.19%	64.9%
	汉威科技	47.81%	42.49%
净利率	翼捷股份	27.98%	26.84%
	汉威科技	7.14%	−3.49%

毛利为何能高于同业？

（三）授信审查要点及标准参考

【必备知识】

1. 企业持续经营与授信风险评估参考指标

企业持续经营与授信风险评估参考指标见表 9-5。

表 9-5　企业持续经营与授信风险评估参考指标

上游（供应商）	中游（本企业）	下游（客户）
原料来源（渠道走访、稳定性，集中度不高）	主业突出、不跨业经营	行业前景（政策鼓励）
付款账期分析（原料、结算方式、账期对比看合理性）	生产力（稳定先进）	产品市场（渠道走访、价格、回款保障）了解需求量及付款能力、交易惯例
	信用（无不良记录、大额诉讼）	盈利能力（持续发展，销售利润率 6% 以上）

（续表）

上游（供应商）	中游（本企业）	下游（客户）
	抵押物（合法、有效、足值、易变现、能办理抵质押登记、抵质押物评估作价合理）	获利能力（近 3 年收入稳定，持续增长）
	保证人（偿还债务能力）	现金流（年经营活动现金流与年销售收入匹配）

2. 授信基本判断标准

授信基本判断标准见表 9-6。

表 9-6　授信基本判断标准

原料	原料够企业生产使用不超过 30 天，最多不超过 60 天	原材料够使用天数 =（授信购买原材料数量 + 库存原料−1 个月原材料合理库存数量）/ 每天消耗原材料数量
生产	生产产品销售时间不超过 30 天；最多不超过 60 天	企业产品能销售天数 =（能生产产品数量 + 库存该产品数量−1 个月合理库存产品数量）/ 每天销售产品数量
授信额	企业实际授信敞口与企业合理授信额相匹配	（现有授信敞口 + 申请授信敞口）＜企业合理授信额度上限：不得超过合理授信的 1.2 倍
授信敞口	授信总敞口＜年收入 50%，一般不超过 70%	
合同验证	采购合同	去年采购合同和全年销售合同实际履行情况，推断授信提供采购合同和销售合同的真实性和履行可能性
	销售合同	

3. 授信分析基本财务指标

授信分析基本财务指标见表 9-7。

表 9-7　授信分析基本财务指标

项目	良好范围	下限	上限
一、偿债能力分析			
1. 资产负债率	50% 以下		70%
2. 流动比率	1	1.5	
3. 速动比率	1	0.5	
4. 现金比率	20% 以上	10%	
5. 利息保障倍数	至少大于 1	1	
二、企业盈利能力分析			
1. 净资产利润率	8% 以上		
2. 销售利润率	高科技：40%		
	房地产：20%		
	建筑装饰：15%		
	零售：12%		
	制造：6.5%		
3. 盈利现金比（净现比）	1	不低于 50%	
三、营运能力分析			
1. 总资产周转天数	120 天以内		180 天 特殊：240 天
2. 流动资产周转天数	90 天以内		120 天 特殊：180 天
3. 应收账款周转天数	60 天以内		90 天 特殊：120 天
4. 存货周转天数	60 天以内		90 天 （不超过 3 个月销售成本）

（续表）

项目	良好范围	下限	上限
四、发展能力分析（与同行业对比分析发展趋势）			
1. 资产增长率	5%		
2. 销售增长率	5%		
3. 净利润增长率	近 3 年净利润增长情况		
五、影响授信安全指标			
1. 结构比例	流动资产占总资产60%		
	存货占流动资产40%		
	应收账款占流动资产 30%		
	货币资金占流动资产 15%		
	流动资产其他各科目占流动资产 15%		
2. 收现比	100%	不低于95%	
3. 授信适合度			（1）不超过年销售收入50% （2）授信总敞口不超过合理授信额度 1.2 倍 （3）存货与应收大于授信总敞口，注意二者占用合理性

（续表）

项目	良好范围	下限	上限
4. 真实性	（1）大额资产占用账实相符 （2）销售收入账实相符 （3）经营现金流账实相符		

【专家建议】

银行在给企业授信时有一套评估指标体系。企业应当学习并逐项对照银行授信的评估指标要求，完善业务模式和生产经营方式，保存好相关证据资料，为企业在银行的融资打好根基。

【案例】

蓝盾光电财报数据异常

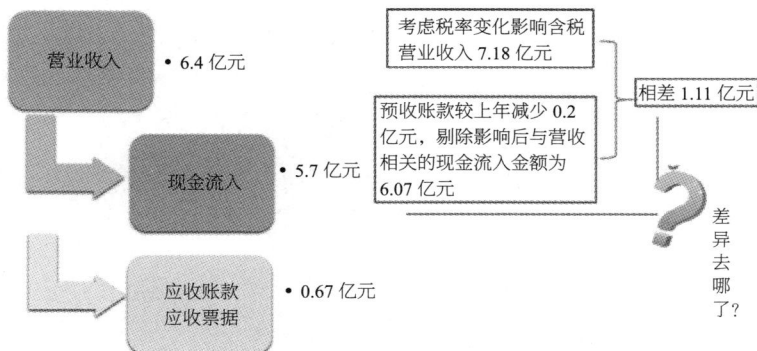

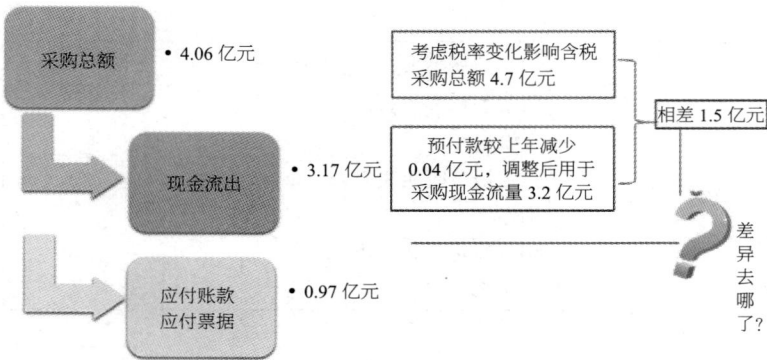

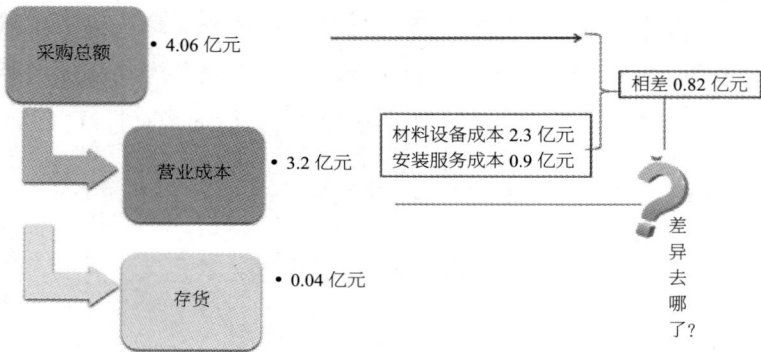

二、绩效评价中的财务分析评价

（一）管理部门评价重点分析"成本费用"

> 集团分配的费用，我们部门控制不了，是否纳入成本中心考核范围？

【必备知识】

1. 成本费用中心的概念

成本费用中心的概念见表 9-8。

表 9-8　成本费用中心的概念

成本中心	费用中心
成本中心是责任会计中的责任中心之一，指对产品或劳务的成本负责的责任中心。因不负责产品或劳务的销售，它的业绩与销售收入或利润无关	费用中心是指仅对费用发生额负责的中心，对可控的费用进行一个完整的控制过程，包括事前控制、事中控制和事后控制
提供产成品、半成品、服务性劳务等	提供辅助性、专业性服务

2. 管理部门的财务评价指标

管理部门的财务评价指标见表 9-9。

表 9-9　管理部门的财务评价指标

成本中心	费用中心
成本利润率	费用率
产品单位成本	资金费用率
产品生产成本消耗定额	单项费用定额

【专家建议】

一般来说，企业管理部门并不创造收入，但是要支出费用，属于典型的成本费用中心。企业一般将费用作为管理部门绩效评价的主要指标。实际费用超过预算值或考核目标值时无奖励，甚至会有惩罚；实际费用低于预算值或考核目标值一定幅度时，予以奖励。不同的管理部门评价指标可能有所不同，如对资金管理部门应考核资金费用率，而对办公室应考核会议费和办公费等。

（二）销售部门评价重点分析"收入"

某企业又到了一年一度的考核指标制定时间，针对销售部门的考核指标，参会人员发言如下。

销售部经理："我们就管卖货，销售量越多越好，一个指标就够了。"

财务部经理："你们只管卖货，大量的应收账款收不回来，谁负责啊？"

> 财务总监:"销售收入要增长,在销售量增长的同时还要考虑价格,不能总是低价销售。"
>
> 销售部副总经理:"销售部门很辛苦,考核指标不要太多,标准也不要太高。"

【必备知识】

1. 收入中心的概念

若收入中心拥有制定价格的权力,则该中心的管理者就要对获取的毛收益负责;若收入中心没有制定价格的权力,则该中心的管理者只需对实际销售量和销售结构负责。企业的收入中心不仅要追求销售收入最大化,更重要的是追求边际贡献最大化。

2. 销售部门的财务考核指标

销售部门的财务考核指标一般包括销售增长率、销售利润率、销售回款率、销售收现率、销货款回收平均天数、坏账发生率等。

【专家建议】

销售部门的财务考核指标相对于管理部门要复杂一些。考核指标的设定要考虑销售部门本身的职责和权限,确定是以销售量还是以销售收入为核心指标。同时,销售部门应当对销售回款、坏账等事项负责,相应的回款率、回款天数、坏账率等也应当纳入考核指标。

（三）分子公司评价重点分析"利润"

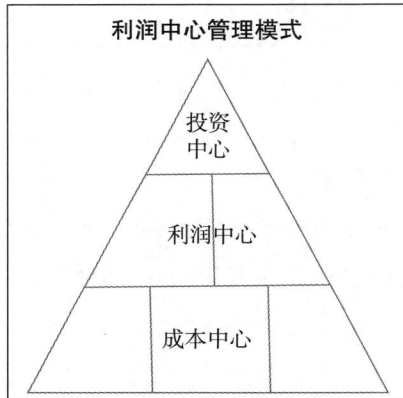

【必备知识】

1. 利润中心的概念

利润中心同时控制生产和销售，既要对成本负责又要对收入负责，但没有责任或没有权力决定该中心资产投资的水平，因而企业可以根据其利润的多少来评价该中心的业绩。利润中心包含两种类型：一种是自然的利润中心，它直接向企业外部出售产品，在市场上进行购销业务；另一种是人为的利润中心，它主要在企业内部按照内部转移价格出售产品。

2. 分子公司的财务评价指标

分子公司的财务评价指标包括流动比率、速动比率、现金比率、资产负债比率、营运资金长期负债比率、总资产周转率、应收账款周转率、存货周转率、经营活动净现金比率、净利润现金保证比率、销售收入现金回收比率、全部资产现金回收率、股东权益报酬率、毛利率、销售净利率、成本费用利润率等。

【专家建议】

分子公司作为利润中心，其财务评价指标比销售部门更为复杂。针对分子公司的评价指标的设定应当围绕"利润"展开，并且以利润为中心的考核指标应当与企业预算制度结合在一起。凡是财务性指标，如营业收入、资产报酬率、人均获利能力等，均能由预算制度所产生的资料与数字作为目标设定的参考与依据。由于企业授予分子公司的权限不同，企业在制定绩效目标值时应当将分子公司不能自主决策带来的影响剔除，如总公司统一制定的关联交易价格、总公司管理费用的分摊等。

（四）企业集团评价分析要全面

A集团股东会针对年度集团业务评价展开讨论，股东们各抒己见。

股东甲："评价别弄太复杂了，看看利润是不是比上

> 年增长了就行了。"
>
>   股东乙："一个利润指标有点简单，我都投入 2 亿元了，这笔钱存银行每年利息也不少呢，公司收益不能比这个低吧。"

【必备知识】

1. 投资中心的概念

投资中心对成本、利润、资本预算、投资收益均负责，除了对成本和利润享有决策权外，还享有资本预算的决策权。与利润中心相比，投资中心的业绩考核还包括投资收益。

2. 集团的财务评价指标与评价方法

（1）杜邦分析法

杜邦分析法，又称杜邦模型，是一种用来评价企业盈利能力和股东权益回报水平，从财务角度评价企业绩效的一种经典方法。其基本思想是将企业净资产收益率逐级分解为多项财务比率的乘积，这样有助于深入分析比较企业的经营业绩。由于这种分析方法最早由美国杜邦公司使用，故称为杜邦分析法（如图 9-2 所示）。

杜邦分析公式为：

$$ROE（净资产收益率）= 净利润 \div 净资产$$

$$ROE= 销售净利率 \times 总资产周转率 \times 权益乘数$$

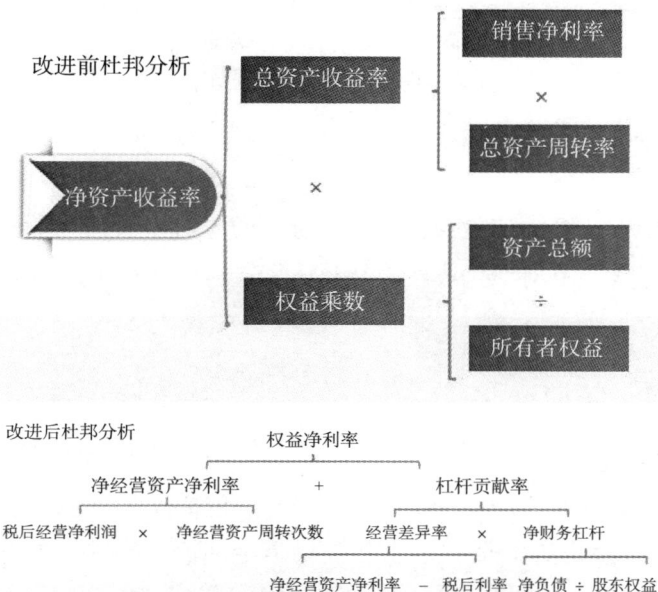

图 9-2 杜邦分析法

（2）EVA 价值树分析

经济增加值（EVA）指附加经济价值，是全面衡量企业生产经营真正盈利或创造价值的一个指标或一种方法。

EVA 从税后净营业利润中扣除包括股权和债务的全部投入资本成本后的所得，其核心是资本投入是有成本的，企业的盈利只有高于其资本成本（包括股权成本和债务成本）时才会为股东创造价值。

EVA 价值树的分析公式为：

EVA ＝税后净营业利润－资本成本（机会成本）

EVA ＝税后净营业利润－资本占用 × 加权平均资本成本率

EVA 在上市公司价值评估中的应用如下：

市值＜ EVA 时，买入；市值＞ EVA 时，卖出；市值 ＝EVA 时，持有。

EVA 在企业绩效目标考核评价中的应用如下：

EVA ＜ 0 时，企业在内耗自由资产；EVA ＞ 0 时，企业创造财富。

【专家建议】

企业集团作为投资中心，其评价指标的设计更为复杂，也更为全面。目前比较流行的评价指标包括以净资产收益率（ROE）为核心的指标体系和以经济增加值（EVA）为核心的指标体系。民营企业和国有企业的评价指标体系也有较大差异。民营企业基本上是以赚取利润为主要目标，更多地使用净资产收益率这一体系的指标。国有企业则比较复杂，既有竞争性的国有企业，也有市政公用类的特殊功能企业，但即使是竞争类企业也经常会担负一定的社会责任。在设计财务评价指标时，不同类别的企业差异会很大。总体来说，以 EVA 为核心的指标体系在国有企业适用较广。